Die gebürtige Würzburgerin **Manuela König** lebt seit 2010 in der Provinz Alberta in Kanada, wo sie zunächst als Übersetzerin und Dolmetscherin arbeitete und ihr erstes Buch schrieb, bevor sie anschließend eine Anstellung an der University of Alberta im Department of Medicine annahm. Ihre Leidenschaft für Gesundheit und Sport ließ sie zwischenzeitlich eine kanadische Ausbildung zum Personal Trainer und Healthy Eating & Weight Loss Coach absolvieren. In ihrem Häuschen in einem idyllischen, von Wildwest-Romantik geprägten Vorort von Edmonton genoss sie bis vor Kurzem die Vorzüge des Daseins als freiberufliche Schriftstellerin und Übersetzerin, bevor sie sich zu einem neuen Abenteuer mit Zwischenstopp in Deutschland aufmachte.

MANUELA KÖNIG

Was Sie dachten NIEMALS über KANADA wissen zu wollen

55 enthüllende Einblicke in ein warm angezogenes Land

CON BOOK.

www.conbook-verlag.de

Einbandgestaltung: Weiß-Freiburg GmbH, Grafik und Buchgestaltung unter Verwendung der Motive von Grushin/Shutterstock.com und BGSmith/Shutterstock.com
Satz: Röser MEDIA, Karlsruhe
Druck und Verarbeitung: Multiprint, Bulgarien

ISBN 978-3-95889-335-1
893351 01 22 7

INHALT

This one's for you, Canada.
I love you.
You rock.

VORWORT

In einer Welt, die völlig aus den Fugen geraten zu sein scheint und in der rund um die Uhr Angst und Hass geschürt werden, habe ich das große Privileg, in einem Land zu leben, in dem Anderssein nicht automatisch Ausgrenzung bedeutet, sondern eher das Gegenteil. Freunde aus Peru, Kollegen aus dem Iran, Nachbarn aus Ostafrika, und alle freuen sich, wenn sie sich sehen. Man isst, lacht und diskutiert zusammen und erzählt sich Geschichten aus der alten Heimat. So viel Liebe und Friede unter so vielen verschiedenen Kulturen. Wenn ich dann aber die aktuellen Geschehnisse in der Welt beobachte, bekomme ich manchmal Angst, dass sich das eines Tages vielleicht doch noch ändern könnte. Denn auch ich bin Ausländer hier. Deshalb dieses Buch, um die Menschen mit all ihren seltsamen und zugleich liebenswerten Angewohnheiten und Eigenheiten einander näherzubringen. Kritik mal von einer anderen, heiteren Seite präsentieren – mit spitzbübischer Ironie und ohne Menschen bloßzustellen. Wenn es mir so gelingt, mehr Verständnis zu schaffen und Vorurteile abzubauen, dann ist das mehr, als ich mir für das neue Jahrzehnt wünschen könnte.

Liebe war und ist und bleibt das Zauberwort. Wo Liebe ist, ist Frieden, und da geht es uns allen gut. Wo Toleranz, Respekt und Hilfsbereitschaft herrschen, da »menschelt« es. So wiederum entsteht Verständnis und Herzenswärme. Und Letztere tut uns immens gut. Gerade in der heutigen Zeit, in der – wie man uns ja ständig glaubhaft versichern möchte – zwischenmenschlich eine Eiszeit ausgebrochen ist. Lassen Sie uns doch alle unser Scherflein dazu beitragen, dass es bald überall auf der Welt wieder etwas mehr »menschelt«.

Achtung

Extrem sarkastisch! Dieses Buch ist nicht für Menschen geeignet, die keinen oder nur einen verkümmerten Sinn für Humor, Ironie, Sarkasmus oder Zynismus haben. Die kreative Spitzzüngigkeit der Autorin könnte bei zu Beleidigt-Sein, Empörung, hohem Blutdruck oder einem Drang zum Shitstorm-Verfassen führen. Seien Sie versichert, dass hierfür absolut kein Grund besteht. Die Autorin bestätigt ausdrücklich, dass sämtliche ironischen, sarkastischen und zynischen Inhalte lediglich als kreative Stilmittel verwendet wurden, um das Geschriebene unterhaltsam in Szene zu setzen.

WAS DEM BAYERN SEINE LEDERHOSE, IST DEM KANADIER SEIN HOLZFÄLLERHEMD

1
Mode

Wie sieht denn eigentlich so ein typischer Kanadier aus? Die haben doch nicht wirklich Stil, oder? Von Haute Couture haben die außerhalb Europas ja gar keine Ahnung. Wenn man überhaupt eine Vorstellung von einem Kanadier hat, denkt man wohl am ehesten an einen Mountie mit der typisch kanadischen Uniform: rote Jacke, schwarze Hose, Reiterstiefel und zu guter Letzt den Hut mit breiter Krempe. Sehr konservativ und sehr langweilig. Ansonsten hat man eher so gar keine Idee, oder?

Halt, stopp, da fällt mir doch noch was ein: das Holzfällerhemd! Man sieht es überall in Kanada, in allen Gesellschaftsschichten. Ja, mag sein, dass es eine Funktion erfüllt, nämlich warmzuhalten, aber chic geht anders. Praktisch ist natürlich auch, dass man darunter immer noch ein T-Shirt tragen kann und somit unzählige Farbkombinationsmöglichkeiten bestehen. Aber wie man damit in der Modewelt überleben soll, bleibt ein Rätsel. Gut, man kann diesen modischen Fauxpas aufpimpen mit Baseball-Cap und Sonnenbrille. Das hat sich wohl auch herumgesprochen, denn so ziemlich jeder Kanadier – egal ob Holzfällerhemdträger oder nicht – hat diese Accessoires mittlerweile in sein modisches Repertoire aufgenommen.

Eher nachlässig ist der Kanadier auch, wenn er sich im Alltag unter seine Mitmenschen mischt. Schmutzige Arbeitsschuhe und Jogginghosen sieht man da nicht selten. Wie Herr Lagerfeld ja einst feststellte, hat man sich aufgegeben, wenn man Jogginghosen trägt. Für den Kanadier ist demnach jegliche Hoffnung verloren.

Übrigens

Eine (zumindest in Alberta) weit verbreitete Unsitte ist es, im Schlafanzug vor die Tür zu gehen, wenn man am Wochenende noch schnell was im Supermarkt einkaufen will. Auch Strampelanzüge für Erwachsene, sogenannte Onesies, sind als bequeme Sonntagsbekleidung äußerst beliebt und werden ganz selbstverständlich auch in der Öffentlichkeit getragen. Für die Wintermonate sind diese extra kuschelig in wärmendem Flanell und natürlich mit Kapuze erhältlich. Im Gegensatz zu Deutschland stört sich hier aber keiner daran. Wenn man es überhaupt wahrnimmt, schmunzelt man eher darüber und findet die Onesies lustig.

Rein optisch bleibt es dennoch so, dass man, wenn man hundert Kanadier unter hundert Europäer mischt, auf den ersten Blick eher keinen Unterschied feststellen wird. Auf den zweiten wahrscheinlich auch nicht. *Roots*-Bekleidung, die bis vor wenigen Jahren ein Garant für *Made in Canada* war, wird inzwischen auch in China und anderen Ländern produziert, und man trägt sie überall auf der Welt, nicht mehr nur in Kanada. Karl Lagerfeld hätte beim Anblick des Durchschnittskanadiers höchstwahrscheinlich hyperventiliert.

Ausgenommen hiervon sind natürlich die modebewussten Kanadier in Metropolen wie zum Beispiel Vancouver, Montréal oder Toronto. Dort ist der neueste *fashion trend* immens wichtig und auch allgegenwärtig. Und lieber verzichtet man dort auf die in Kanada zur Grundausstattung jeder Garderobe gehörende Winterjacke und friert, als dass man den neuesten Schrei verpasst. Cool (im wahrsten Sinne des Wortes) muss man da schon sein. Im restlichen Kanada ist aber nicht zuletzt aufgrund der klimatischen Verhältnisse eher funktionale Kleidung gefragt. So ist der Zwiebel-Look im Winter weitverbreitet und auch unerlässlich. Lange Unterhosen und Angora-Unterhemdchen gehören dazu. Logo, bei minus achtundzwanzig Grad ist man froh, wenn man noch ein Extrakleidungsstück zum Drüber- oder Drunterziehen hat. Für Eitelkeit ist da allerdings gar kein Platz mehr.

Aber

Wer sich über die neuesten kanadischen Modetrends informieren möchte, kann bei Walmart die ungewöhnlichsten Outfits und auch gleich die unglaublichsten Begebenheiten bestaunen. Für diejenigen, die nicht persönlich vor Ort sein können, gibt es eine eigens hierfür eingerichtete Website namens *People of Walmart*. Sollten Sie mal einen *Bad Hair Day* haben, schauen Sie sich bitte diese Seite an. Hier gibt es so viel Skurriles, dass Ihr Selbstbild ganz schnell wieder zurechtgerückt wird. Menschen gehen hier nicht nur in den seltsamsten Klamotten, sondern auch mit den ungewöhnlichsten Haustieren zum Einkaufen. So habe ich im Walmart schon mal eine Schlange um den Hals ihres Besitzers gewickelt gesehen. Na, dann viel Spaß!

AUCH KANADIER HABEN SELTSAME SITTEN UND GEBRÄUCHE

2 Gemütlichkeit

Wie in jedem anderen Land auf dieser Erde auch gibt es in Kanada Sitten und Gebräuche, mit denen man sich vertraut machen oder die man zumindest kennen sollte, wenn man nicht auffallen und sich unmittelbar als Nicht-Kanadier outen will.

Was einem Europäer mit als Erstes auffällt, ist, dass der sonst so gelassene Kanadier von echter Gemütlichkeit bisher anscheinend wenig gehört hat (siehe auch Kapitel 30, S. 139). Eine der deutschen Lieblingstraditionen, nämlich am Nachmittag das Kaffeekränzchen mit Kuchen an einem schön gedeckten Tisch mit Kerzen und Omas geblümter Kaffeekanne, können Sie gleich vergessen. Das kennt der Kanadier nicht. Noch nie was von gehört. Wenn überhaupt Bedarf an geselligem Zusammensein am Nachmittag besteht, geht man auf einen Kaffee zu McDonald's, wo man notfalls auch ganz schnell wieder gehen kann und nicht gezwungen ist, stundenlang zu sitzen. Auch die englische Teevariante wird in Kanada – obwohl Kanada (zumindest auf dem Papier) zum Commonwealth gehört – nicht gelebt. Er fühlt sich ja leicht eingesperrt und gefangen, der Kanadier, deshalb muss er auch den geliebten Kaffee mit auf die Flucht nehmen können. *Coffee to go* im Pappbecher oder in der umweltfreundlicheren Variante mit dem eigenen, von zu Hause mitgebrachten *travel mug* (einem Becher aus Hartplastik mit Schraubverschluss oder praktischer Nuckelvorrichtung) ist daher nicht nur weitverbreitet, sondern logischerweise auch die bevorzugte Form der »Kaffeeaufnahme«, wie ich das nenne. Von »Kaffeegenuss« kann ja nicht wirklich die Rede sein. Sollte also ein Kanadier mit Ihnen einen Kaffee trinken gehen wollen, freuen Sie sich gar nicht erst darauf, dass das ein gemütlicher Kaffeeklatsch werden könnte. Von ganz wenigen Ausnahmen abgesehen. In der Regel holt man sich lediglich den Kaffee im Pappbecher und geht damit eine Runde spazieren oder setzt sich im Idealfall auf eine Bank im Park, wo man einen kurzes, ich wiederhole: kurzes Schwätzchen hält. Alles muss schnell gehen.

Praxistipp

Der echte Kanadier holt sich seinen Kaffee bevorzugt bei Tim Hortons. Diese Fast-Food-Kette ist ein echtes Phänomen. Neben Kaffee gibt es dort auch Donuts im halben oder ganzen Dutzend günstig zu kaufen. Egal wo oder um welche Uhrzeit man an einem Tim Hortons vorbeifährt, am *drive through* ist IMMER eine lange Autoschlange.

Eine, wie ich finde, durchaus angenehme Sitte der Kanadier ist es, dass grundsätzlich die Schuhe ausgezogen werden, wenn man ein Haus betritt. Das gilt nicht nur für Freunde und Familie, sondern auch für Handwerker oder sonstige Besucher eines Hauses. Gut, die zentimeterdicke Schicht aus Schnee und Matsch, die man im Winter an den Schuhsohlen kleben hat, bekäme man selbst auf dem besten Fußabstreifer nicht ab. Da ist es einfacher, direkt die Schuhe auszuziehen und draußen vor der Türe stehen zu lassen. Der Anblick, der sich einem an der Haustüre bietet, wenn die warmen Füße aus den kalten Schuhen gezogen werden und nur noch die qualmende Fußbekleidung in der Kälte stehen bleibt, trägt zudem sehr zur allgemeinen Erheiterung bei – nicht zuletzt wegen der unglaublich lustigen und vielfältigen Varianten an Socken. Selbst an ausgewachsenen Männerfüßen kann man bunte Socken mit allen möglichen Snoopy-Motiven und auch schon mal rosa Herzchen erspähen. Und man staunt wirklich, wo und an wie vielen Stellen so eine Socke Löcher haben kann. Das hebt die Laune ungemein. Aber mal von all den lustigen Aspekten abgesehen, ist das Betreten eines Hauses ohne Schuhe eine in der Tat respektvolle Geste.

Ach, bevor ich es vergesse, hier noch ganz kurz eine weitere (relativ wichtige) Angewohnheit in kanadischen Häusern: Die Badezimmertüre sollte immer offen bleiben, wenn man das Bad verlässt. Bei geschlossener Türe denken die im Haus befindlichen Personen, dass sich noch jemand im Bad befindet, und warten folglich bis zum Sankt-Nimmerleins-Tag geduldig darauf, dass jemand herauskommt. Tatsächlich abgeschlossen werden Toilettentüren meist nur in der Öffentlichkeit. Wenn die Tür offen ist, weiß man, dass sich auch wirklich niemand mehr im Bad befindet. So einfach ist das.

Aber

Wirklich typisch kanadische Sitten und Gebräuche sind – abgesehen von den oben genannten – relativ selten und schwer ausfindig zu machen. Kanada ist ein Einwanderungsland und damit in der Tat multikulturell. Die Menschen bringen ihre jeweiligen Traditionen mit, pflegen sie und geben sie weiter. Und irgendwie pickt sich dann jeder das Passende für sich heraus und nimmt es in sein

Repertoire mit auf. Das macht Kanada gerade für Besucher so interessant. Oder wo sonst auf der Welt feiert man beispielsweise das Oktoberfest mit Lederhosen und Blasmusik, aber ein paar Monate später auch das Chinesische Neue Jahr mit Drachentanz? Genau.

NICHT ALLE KANADIER SIND GLEICH, ABER SIE KÖNNEN ALLE KEIN FRANZÖSISCH

3

Fremdsprachen

Kanada ist nicht nur wegen seiner vielen Einwanderer so vielschichtig, sondern auch aufgrund der einzelnen Provinzen mit ihren mannigfaltigen Besonderheiten. Da sind die Albertaner, die Québécois, Torontonians und Newfies (also Bewohner von Newfoundland), um nur ein paar zu nennen. Und alle haben so ihre Eigenarten. Man kann sich das in etwa so vorstellen, wie wenn man einen Niederbayern mit einem Ostfriesen vergleicht. Beide sind Deutsche, könnten aber unterschiedlicher nicht sein. Ähnlich verhält es sich mit den Kanadiern. So haben insbesondere die Newfies, wie man sie liebevoll nennt, große Schwierigkeiten, von ihren Landsleuten verstanden zu werden. Kanadier aus allen anderen Provinzen müssen regelmäßig nachfragen, weil sie den Dialekt einfach nicht verstehen. Abgesehen davon sprechen Newfies so schnell, dass die gemütlicheren Bewohner der anderen kanadischen Provinzen schnell die Lust verlieren, beim Zuhören hinterherzuhecheln. Als Nicht-Kanadier mit Englisch als Fremdsprache zweifelt man da schnell an seinen Sprachkünsten, aber wie mir von kanadischen Muttersprachlern versichert wurde, kann man diesen fiesen Dialekt nur verstehen, wenn der Neufundländer betrunken ist, denn dann und nur dann spricht er langsam und deutlich. Aber egal aus welcher Provinz, die Menschen haben alle ihre Eigenheiten, und am Ende sind sie einfach nur Kanadier. So simpel ist das.

Und von wegen hier sprechen alle die gleiche Sprache, oder besser gesagt: zwei Sprachen. Offiziell wird Englisch und Französisch gesprochen. Offiziell. Wenn man sich allerdings außerhalb von Québec aufhält, wird man schnell feststellen, dass kaum ein Mensch in Kanada Französisch spricht. Da wird zwar immer wieder stolz erzählt, dass man ja in der Schule Französisch als Pflichtfach hatte und deshalb zweisprachig aufgewachsen sei, aber für mehr als ein halbes Kinderlied und ein selbstbewusst und mit englischem Akzent herausgeschleudertes »*bonjour*« oder »*merci beaucoup*« reicht es leider im Praxistest nicht.

Darüber lacht der Kanadier in der Regel. Man sieht das nicht so eng. Auch sieht er viel weniger die Notwendigkeit, überhaupt eine Fremdsprache zu lernen. Wozu die ganze Paukerei? Heutzutage spricht doch eh jeder Englisch. In der Provinz Alberta kann man seine gesamte Schulzeit absolvieren, ohne Französisch oder irgendeine andere Fremdsprache gelernt zu haben. Französisch ist hier kein Pflichtfach. Englisch – wie ich spöttisch zu behaupten wage – anscheinend auch nicht.

Wenn man sich dann aber tatsächlich mal in Québec oder anderen frankokanadischen Teilen des Landes aufhält und versucht, mit seinem in Deutschland gelernten europäischen Französisch zurechtzukommen, wird man schnell an den Rand der Verzweiflung getrieben. Man versteht da einfach gar nix. Das ist für europäische Ohren geradezu eine Zumutung. Mit der kanadisch-französischen Aussprache hat man in Deutschland allerhöchstens seine Französischlehrerin in der Schule geärgert. Hier spricht man ernsthaft so.

Übrigens

Mal abgesehen von dem die Ohren beleidigenden Französisch haben die Frankokanadier noch eine echte kulinarische Glanzleistung von Québec aus in den Rest von Kanada und die weite Welt getragen: *poutine*. Das sind Pommes mit Käsebruch oder Käsequark *(cheese curds)* und einer zähflüssigen braunen Bratensoße übergossen. Mmmhhh, lecker. Da hüpft das Herz eines jeden Gourmets, Diabetologen und Kardiologen. Die präzise Reihenfolge, wann welche Zutat dem Gericht hinzugefügt wird, ist dabei eine Wissenschaft für sich. Serviert wird das in ganz Kanada, nicht nur in Québec – probieren Sie es mal aus, wenn Sie die Gelegenheit und die entsprechende körperliche Verfassung dazu haben.

KANADIER HABEN VORURTEILE UND SIND NEUGIERIG

4
Klischees

Wenn man als deutscher Urlauber in Kanada unterwegs ist, kann es durchaus sein, dass einem seltsame Fragen gestellt werden wie zum Beispiel »Habt ihr denn eigentlich Autos in Deutschland?«. Schon mal was von Mercedes, BMW und Volkswagen gehört? Hallo?! Nach anfänglich ungläubigem Staunen und kurzfristiger Empörung angesichts solch unfassbar großer Ignoranz stört einen das dann doch nicht wirklich. Irgendwie ist so viel Unwissen ja auch fast schon wieder putzig. Und mal ehrlich, als Deutscher freut man sich eher, wenn Einheimische überhaupt Interesse an der deutschen Kultur zeigen und man dann

Gelegenheit hat, den Ahnungslosen etwas von seinem umfangreichen Wissen aufzutischen. Er soll ja auch nicht dumm sterben, der nette Kanadier.

Wenn man hingegen in Kanada lebt, muss man sich auf neugierige Fragen seiner Mitmenschen geradezu einstellen. Insbesondere die der Nachbarn. Die wollen alles wissen. Erst recht wenn man aus einem anderen Land ist. Da muss man freundlich und geduldig bleiben, sonst wird das nichts mit der guten Nachbarschaft oder dem Freundschaftenknüpfen.

Freunde in Kanada zu finden ist nicht ganz einfach, zumindest auch nicht leichter als in Deutschland oder dem Rest der Welt. Wie wahrscheinlich überall bestehen kanadische Freundschaften meist schon von Kindesbeinen an aus der Schule oder der Nachbarschaft über lange Jahre oder Jahrzehnte hinweg. Da ist es schwer, als Neuer in den Freundeskreis aufgenommen zu werden. Folglich ist gerade als Newcomer Eigeninitiative gefragt. Freundschaften entwickeln sich erst über einen längeren Zeitraum, wobei der Kanadier immerhin auffallend offen ist für neue Bekanntschaften. Da er, wie bereits erwähnt, sehr neugierig auf fremde Kulturen und Gepflogenheiten ist, sollte man das zu seinem Vorteil nutzen, denn es erleichtert die Sache ungemein, wenn man in seiner neuen Umgebung einen ersten Anschluss sucht. Die typischen Vorurteile Deutschen gegenüber haben sie alle, und genau diese Vorurteile werden stolz als kulturelles Wissen präsentiert, sollten aber gar nicht wirklich ernst genommen werden, denn als Beleidigung sind sie ganz sicher nicht gemeint. Sobald man als sein Herkunftsland Deutschland preisgegeben hat, sind Bratwurst, Sauerkraut, Bier, Lederhosen und Kuckucksuhren das, was einem in der Regel als Erstes an »Wissen« an den Kopf geworfen wird. Wenn man dann sagt, dass man kein Bier trinkt und auch nicht unbedingt Sauerkraut mag, glaubt einem das sowieso keiner. Also im Zweifelsfall einfach alles abnicken.

Man braucht nicht lange zu suchen, bis man auf nette, aufgeschlossene Leute trifft, denn die gibt es zuhauf in Kanada. Und nicht selten entwickeln sich solche anfänglich lockeren Bekanntschaften im Laufe der Zeit zu beständigen Freundschaften. Nach einer Weile wird man dann ein Stück in die Familie integriert. Einladungen zu sämtlichen größeren Familienfeiern wie Thanksgiving und Weihnachten folgen relativ zügig, denn der Kanadier sieht sich sehr gern in der Rolle des Gastgebers. Und diese Rolle erfüllt er mit Bravour. Da kann man fast ein bisschen stolz sein, wenn man von den Kindern der Freunde »Tante« oder »Onkel« genannt wird. Das ist der ultimative Liebesbeweis, dass man nicht mehr nur der Bekannte oder Nachbar ist, sondern ganz real zur Familie im weitesten Sinne dazugehört.

Aber

Auch Kanadier müssen sich mit vielen Vorurteilen auseinandersetzen. Eine Frage seitens ihrer südlichen Nachbarn, die sich seit Jahrzehnten hartnäckig hält und die sie sich auch heute noch regelmäßig gefallen lassen müssen, lautet: »Wie lebt es sich denn so in euren Iglus?« Diese Frage ist leider kein Witz, sondern völlig ernst gemeint. Dagegen lobe ich mir doch das Bratwurst- und Sauerkraut-Geschwätz, oder?

KANADISCHE FREUNDE SIND UNSPONTAN

5

Hausbesuche

Freundschaften sind in Kanada meist etwas penibler organisiert als in Deutschland. Auf Spontanität steht der Kanadier nicht so wirklich. Man verabredet sich in der Regel mit ein paar Tagen »Vorwarnzeit« und trifft sich dann eher zu Hause als in Bars oder Restaurants. Nicht weil ein Treffen zu Hause billiger ist, sondern weil man da sitzen bleiben kann und nicht gehetzt wird. Aber dieses Thema bespreche ich später noch etwas ausführlicher (siehe Kapitel 30, S. 139).

Als Deutscher ist es ganz normal, dass man seine kanadischen Freunde auch mal ermuntert, einfach bei einem zu Hause vorbeizuschauen und zu klopfen (Aha!), wenn sie zufällig in der Nähe sind. Sollten Sie in diese Situation geraten, dann wundern Sie sich bitte nicht über das höchstwahrscheinlich etwas verwunderte Gesicht Ihres kanadischen Gegenübers. Höflich wie er nun mal ist, der Kanadier, wird er erst mal »na klar, das mach' ich« sagen, aber diesen Worten wird er mit großer Wahrscheinlichkeit keine Taten folgen lassen. Da können Sie lange warten. Und dann bloß nicht beleidigt sein. Nach anfänglicher Verwunderung und nachfolgender gründlicher Recherche in meinem kanadischen Freundeskreis kann ich Ihnen versichern, dass das nichts mit Ihnen zu tun hat. Wie mir mehrfach versichert wurde, kämen Kanadier niemals von selbst auf die Idee, einfach spontan bei Freunden vorbeizuschauen. Sie hielten es eher für durchaus unhöflich. In Kanada meldet man sich ordentlich an (am liebsten 24 Stunden im Voraus), oder man macht etwas für ein späteres Datum aus. Sehr verwunderlich, die kanadischen Gepflogenheiten. Bin das nur ich, oder fährt man nicht mal spontan bei Freunden vorbei und schaut, ob sie Zeit für ein kurzes Schwätzchen oder im Idealfall einen Kaffeeklatsch haben? Soweit ich mich erinnere, freut man sich in Deutschland zumeist über solche Spontanbesuche im Freundeskreis, oder? Aber vielleicht hat sich das in der Zwischenzeit geändert? Interessant ist es dennoch, dass man dieses Konzept der freundschaftlichen Überfälle in Kanada überhaupt nicht kennt.

Gut zu wissen

Bitte beachten Sie bei anstehendem Besuch von Freunden, dass kanadische Haustüren wie das Haus an sich in der Regel aus Holz bestehen und folglich Schallwellen sehr gut übertragen werden. Besucher klopfen fast immer an die Türe, Türklingeln werden so gut wie nie benutzt. Ich glaube, die werden nur zur Zierde installiert – und als Orientierungshilfe für Einwanderer, die das mit dem Klopfen (noch) nicht gelernt haben. Und keine Sorge, verpassen kann man seinen Besucher ganz sicher auch nicht. Man hört das Klopfen tatsächlich im ganzen Haus, egal in welcher Etage oder welchem Raum man sich gerade befindet. Wenn man »neu« in Kanada ist, ist das in den ersten Monaten (oder wie in meinem Fall, Jahren) sehr gewöhnungsbedürftig. Insbesondere die etwas Schreckhafteren unter uns erleiden da regelmäßig kleinere Herzinfarkte, wenn plötzlich jemand unvermutet an die Türe hämmert. Nach einer Weile kommt man aber auch damit klar.

Wenn ich aber nochmal etwas genauer reflektiere, bin ich mir nun gar nicht mehr so sicher, ob obiger Sachverhalt mit den Spontanbesuchen ein typisch kanadisches Phänomen ist oder nicht vielleicht doch eher ein Zeichen unserer Zeit, da die Menschen ja alle immer so *busy* und gestresst sind, dass sie ohne Terminkalender und permanent ans Ohr geklebtes Smartphone gar nicht mehr auskommen. Da ist ein unangekündigter Besuch doch eher zusätzlicher Stress als Grund zur Freude. Sollte auch diese Hypothese nicht korrekt sein, hätte ich noch eine weitere Theorie, nämlich dass sich Kanadier immer von ihrer besten Seite präsentieren wollen. Was also, wenn plötzlich ein Freund vor der Tür steht und das Haus unaufgeräumt oder noch schlimmer: dreckig und voller Hunde- oder Katzenhaare ist? Oder wenn gar noch irgendwo Klamotten auf dem Boden rumliegen? Nein, so darf das traute Heim von niemandem gesehen werden. Freund hin oder her, einen guten Eindruck möchte man schließlich schon machen!

DER KANADIER IST EIN WEICHEI

6

Freundlichkeit

Welche Vorstellung hat man denn generell so von einem Kanadier? »Ach, die sind doch genauso wie die Amis«, schlug es mir da schon des Öfteren als lapidare Antwort entgegen. Na, das lassen Sie besser keinen Kanadier hören! So oberflächlich und ungebildet ist er definitiv nicht, der Kanadier. Sagt er. Es könnte sein, dass er sehr beleidigt ist, wenn Sie ihn mit einem Amerikaner vergleichen. Aber ich bin ja kein Kanadier, deshalb kann ich da ausnahmsweise ein Auge zudrücken. Nicht umsonst lautet eine Textzeile in der kanadischen Nationalhymne »... *the true North strong and free*« (... der wahre Norden, stark und frei). Da kommt der Nationalstolz durch.

Sicherstes Zeichen, dass Sie einen Kanadier vor sich haben – und das ist in der Tat nicht bloß ein Klischee – ist, dass er unfassbar freundlich und höflich ist. Wie freundlich ist er genau, der Kanadier? Er ist so freundlich, dass selbst Verbotsschilder wie *»Do not smoke«* oder *»Do not litter«* in den meisten Fällen mit einem höflichen *»please«* ergänzt werden. Es fehlt dem Kanadier eindeutig an Strenge, und so verkommen selbst klare Kommandos zu verweichlichten Bitten.

Ferner zeichnet sich der typische Kanadier durch einige besorgniserregende Verhaltensauffälligkeiten aus, oder auf den Punkt gebracht: Er ist ein Weichei und nicht durchsetzungsfähig. Er ist zu rücksichtsvoll, in der Regel zu respektvoll und entschuldigt sich viel zu oft, selbst wenn er keine Schuld am Geschehen hat. Sich mit Ellenbogen durchsetzen kann er nicht, wo das doch gerade fürs Überleben in unserer heutigen Zeit so wichtig ist. Wer ist denn schon gerne ein Opfer?! Und das Wort Opfer meine ich im herabwürdigenden Sinn des aktuellen Sprachgebrauchs, nicht im empathischen, wie es noch vor fünfzehn Jahren korrekterweise gebraucht wurde. Allerdings erschleicht mich so langsam der Verdacht, dass der Kanadier sich gar nicht durchsetzen will und sich ganz im Gegenteil sogar mit aller Vehemenz dagegen wehrt.

Auch mischt er sich permanent in das Tun seiner Mitmenschen ein, anstatt sich um sich selbst zu kümmern. So werden beim Betreten oder Verlassen eines Geschäftes noch die Türen füreinander aufgehalten, und dies wird zu allem Überfluss mit einem »Danke« oder »Bitteschön, gern geschehen« kommentiert. Oder man nimmt einer älteren Mitbürgerin schon mal die Einkaufstüte ab und trägt sie zum Auto. Die Tüte natürlich. Wobei, ich glaube, die ältere Dame würde ein Kanadier auch tragen, wenn sie ihn darum bitten würde.

Zugegeben, dieser ganze Umgang miteinander macht einem das Leben spürbar leichter. Man ist irgendwie immer etwas fröhlicher, der nötige Ernst des Lebens ist schlicht und ergreifend nicht vorhanden. Beim Einkaufen im Supermarkt hört man ein ständiges *»sorry, excuse me, may I?«*, was in den meisten Fällen auch noch von einem freundlichen Lächeln begleitet ist. Man erlebt es kaum (ich persönlich habe es bisher noch gar nicht erlebt), dass sich ein Kanadier an den Regalen hinter oder neben einem vorbeidrückt oder über einem in die Kühltheke greift, während man etwas aus dem unteren Fach nimmt. Der persönliche Abstand zu den Mitmenschen wird immer respektvoll eingehalten und ungewollter Körperkontakt tunlichst vermieden. Es wird entweder abgewartet, bis man sich von selbst irgendwo wegbewegt, oder man wird höflich gefragt, ob man bitte etwas Platz machen könne. Sehr ungewohnte Alltagserlebnisse präsentieren sich einem da, gerade als Deutschem – man gewöhnt sich allerdings schnell daran und möchte sie nicht mehr missen, wenn man realisiert, wie sehr dieses Weicheiverhalten den Alltag und die Menschen entstresst.

Gut zu wissen

Beim World Happiness Report, bei dem verschiedene Faktoren wie Wohlstand, Lebenserwartung und Freiheit berücksichtigt werden, liegt Kanada seit der ersten Erhebung im Jahr 2012 immer unter den zehn glücklichsten Ländern der Welt. Die Lebenszufriedenheit des Kanadiers ist groß. Allerdings zeichnet sich auch hier in den letzten Jahren ein leichter Abwärtstrend ab: Im Jahr 2015 lag Kanada noch auf Rang 5 und 2018 auf Rang 7. 2020 schaffte man es aber »nur noch« auf Rang 11.

DER KANADIER HAT EIN HELFERSYNDROM

7 Food Bank

Die typisch kanadische Höflichkeit und Hilfsbereitschaft kommt sicher nicht zuletzt daher, dass Kanada ein Einwanderungsland ist und die Menschen von überall aus der Welt hierher drängen. Man ist zunächst etwas orientierungs- und hilflos, deshalb muss man sich ja auch gegenseitig helfen. Bei einer solchen Artenvielfalt ist der Kanadier von vornherein gezwungen, ein hohes Maß an Toleranz und Respekt aufzubringen, wenn ein friedliches Zusammenleben gewährleistet sein soll. Höflichkeit kommt dann ganz von alleine. Auf eben diese kanadische Höflichkeit werden Sie im Laufe der Lektüre an den verschiedensten Stellen dieses Buches immer wieder stoßen.

Eine weitere verbreitete Zwangsstörung des Kanadiers ist, dass er meint, sich um seine Mitmenschen kümmern und seine Hilfe nahezu überall aufdrängen zu müssen – das ist für ihn ein echtes Anliegen. Sehr nervig. Man kann sich gar nicht retten vor all den Hilfsorganisationen und Freiwilligeninitiativen, die gerade auch in Edmonton, der Hauptstadt von Alberta, auf die Beine gestellt werden. Andere Provinzen und Großstädte stehen Alberta und Edmonton aber in nichts nach. Als wollte man sich gegenseitig übertrumpfen mit Wohltätigkeit. Die Medien berichten über entsprechende Initiativen und Aktionen immer sehr ausführlich, weil es den Kanadiern so wichtig ist, sozial benachteiligte Gruppen mit vereinten Kräften bestmöglich zu unterstützen. Das stärkt angeblich ganz nebenbei auch das Zusammengehörigkeitsgefühl.

Es gibt ein paar Initiativen, denen man nur schwer aus dem Weg gehen kann oder will. Also macht man irgendwann »freiwillig« mit. Ich hoffe, Sie sehen es mir nach, wenn ich an dieser Stelle wieder vorzugsweise von der Provinz berichte, in der ich lebe. Eine dieser Initiativen ist die Aktion Santas Anonymous. Hier wird in der Weihnachtszeit mitten in der West Edmonton Mall ein riesiger Container aufgestellt, in den man neue (nicht gebrauchte) Spielzeuge und

Kuscheltiere werfen kann. Die Sachen werden dann an Kinder von Familien, die nicht so viel Geld haben und sich keine Geschenke leisten können, ausgeteilt.

Oder die Initiative Hats for the Homeless. Hier werden jeden Winter Mützen, Handschuhe und Socken für Obdachlose gesammelt. Die Kampagne wird von einem sozial stark engagierten Meteorologen beim lokalen TV-Sender nicht nur enthusiastisch beworben, sondern auch tatkräftig unterstützt und gefördert. Die Hilfsbereitschaft ist automatisch sehr groß, wenn man weiß, dass Obdachlose in Edmonton selbst bei minus fünfunddreißig Grad und darunter draußen auf der Straße leben und leider jeden Winter tatsächlich Menschen den Erfrierungstod sterben. Und das in unserem Jahrhundert! Dazu muss ich erwähnen, dass alle Artikel, die im Rahmen solcher Aktionen gespendet werden, nicht als gebrauchte, sondern als neue Artikel gesammelt werden. Somit ist auch die erforderliche Hygiene gewährleistet.

Gut, dass man schon für ein paar wenige Dollar Multipacks an Handschuhen, Socken und Mützen bekommt, über die sich Hilfsorganisationen ganz besonders freuen.

Die Food Bank (das ist ähnlich wie Die Tafel in Deutschland) ist eine weitere soziale Einrichtung, zu der jeder ganz leicht das ganze Jahr über Zugang hat.

Man muss nicht lange suchen, wenn man hier sein Scherflein beitragen und anderen Menschen helfen möchte. In nahezu jedem Supermarkt stehen eigens hierfür gekennzeichnete Container, in die man Lebensmittel hineinlegen kann. Wenn man am Ausgang einen solchen Container ungefüllt sieht, plagt einen ganz schnell das schlechte Gewissen. Um die Rechtfertigung »ich habe keine Zeit, etwas zusammenzupacken« komplett gegenstandslos zu machen, hat der schlitzohrige Kanadier ein doch ziemlich ausgefuchstes System entwickelt: Im Supermarkt stehen an der Kasse bereits vorgepackte Tüten mit Lebensmitteln, die besonders dringend benötigt werden. Dabei kann man dann je nach zur Verfügung stehendem Budget auswählen, ob man eine Tüte für fünf Dollar oder die etwas größere für zehn Dollar kaufen und spenden möchte. Keine Ausreden – diese Tüten kann man sich auch im Vorbeigehen schnappen und spenden, selbst wenn man gar keine Zeit hat. Selbstverständlich kann man auch selbst Produkte aussuchen, die man spenden möchte. Lebensmittelspenden werden täglich abgeholt und an Bedürftige in der Region verteilt.

Harte Fakten

- Gut 48 Prozent der Food-Bank-Nutzer kommen aus Single-Haushalten.

- Knapp 35 Prozent derjenigen, die auf die Food Bank angewiesen sind, sind Kinder.
- Rentner, die die Food Bank in Anspruch nehmen, machen knapp 7 Prozent aus.
- Die Food Bank engagiert sich nicht nur bei der Lieferung von Lebensmitteln, sondern gibt auch Ernährungstipps, Kochkurse und entsprechende Beratung.

DER KANADISCHE ARBEITSHIMMEL IST DIE HÖLLE

8

Jobs

Je nachdem, in welcher Provinz man sich in Kanada befindet, ist es entweder besonders leicht oder nahezu unmöglich, einen Job zu ergattern. Während es an der Ostküste eher düster aussieht – es sei denn, man hat das Fischereihandwerk gelernt –, kann man in Alberta erst einmal von Grund auf optimistisch sein. Allerdings hängt dort alles sehr stark von der Öl- und Gasindustrie ab. Einen neuen Job bekommt man relativ schnell (vorausgesetzt, man befindet sich gerade in einer Ölhochpreisphase), aber man ist ihn schlimmstenfalls auch genauso schnell wieder los, wenn die Ölpreise dann mal wieder einbrechen. Das gilt für den industriellen Sektor ebenso wie für den kaufmännischen.

Wenn man aber erst einmal einen Job ergattert hat – und das gilt jetzt wieder für alle Provinzen –, dann wundert man sich sehr angesichts der Überregulierung in viel zu vielen Dingen. Es herrschen strenge Prozess- und Verhaltensregeln. Auf einen respektvollen Umgang miteinander wird höchster Wert gelegt. Gerade auch im Hinblick darauf, dass man mit vielen Nationalitäten zusammenarbeitet und sich auf gar keinen Fall des Rassismus bezichtigen lassen will. Wer schreit, fliegt raus. Basta. So wurde mir von einem Fall berichtet, bei dem ein Vorgesetzter entlassen wurde, weil er seinen Mitarbeiter angeschrien hatte. Am Tag nach dem Vorfall musste er seine Sachen packen und wurde direkt vor die Tür gesetzt. So etwas wird in Kanada nicht geduldet.

In den meisten Büros und insbesondere im öffentlichen Dienst und Banken gibt es eine strenge Kleiderordnung, den *dress code*. Keine Jeans, keine Turnschuhe und auch keine Shirts mit Spaghettiträgern im Sommer. Außer an Freitagen, den *Casual Fridays*. Auf diese Tage wartet der Kanadier sehnsüchtig, da er dann endlich mal »normal« und bequem angezogen zur Arbeit gehen darf. Turnschuhe sind in manchen Unternehmen allerdings gar nicht erlaubt. So muss erst ein ärztliches Attest vorgelegt werden, das bescheinigt, dass man Knick-, Spreiz- oder Plattfüße oder einen Hüftschaden hat und daher aus medizinischen Gründen Sportschuhe tragen muss. Erst dann darf es überhaupt gewagt werden, Turnschuhe zur Arbeit zu tragen. Vorausgesetzt, man ist immun gegen die missbilligenden und abfälligen Blicke der Vorgesetzten. Was für ein Getue um nichts!

Normalerweise werden Arbeitnehmer in Kanada aber sehr gut behandelt. In manchen Fällen auch geradezu verhätschelt und vertätschelt. Man tut so ziemlich alles, damit der Mitarbeiter sich auch wirklich wohlfühlt an seinem Arbeitsplatz. Angefangen bei der Bezahlung bis hin zur psychischen und physischen Versorgung. So gibt es bei manchen Arbeitgebern unter anderem kostenlose Fortbildungsangebote, tausend Dollar im Jahr für Massagen oder Krankengymnastik und einmal im Jahr einen *Administrative Professionals Day*, an dem alle Büroangestellten und deren tolle Berufswahl gefeiert werden. Am *Admin Day*, wie er kurz genannt wird, gibt es für jeden Mitarbeiter beispielsweise Restaurant- oder Einkaufsgutscheine, eine vom Vorgesetzten persönlich geschriebene Dankeskarte für die geleistete Arbeit sowie manchmal auch noch Extraschmankerl, wie zum Beispiel Kinokarten inklusive Popcorn und Getränke für zwei, damit die Ehepartner auch was von dem schönen Tag haben. Manche Firmen setzen weiterhin auf die Pflege des leiblichen Wohls ihrer Mitarbeiter. So wird die Belegschaft gerne mal mit

Muffin Mondays und *Pizza Fridays* terrorisiert. Wie der Name schon sagt, werden montags immer Muffins für die Mitarbeiter geliefert und freitags bestellt man dann Pizza für alle. Natürlich auf Firmenkosten.

Übrigens

Das bisher erstaunlichste Beispiel für die unglaubliche Großzügigkeit und Großherzigkeit so mancher kanadischer Firmen lieferte ein ehemaliger Arbeitgeber meines Mannes. So wurden sämtliche Mitarbeiter (circa 160) inklusive ihrer Familienangehörigen (auch Eltern, Geschwister und Schwiegereltern, die gerade zu Besuch aus dem Ausland da waren) an Weihnachten in die Rocky Mountains in das beste Hotel am Platz eingeladen. Ein volles Wochenende wurde da auf Firmenkosten geschlemmt und genossen. Unfassbar toll und unglaublich großzügig!

DER KANADISCHE ARBEITNEHMER LÄUFT DEM DEUTSCHEN BEAMTEN DEN RANG AB

9

Arbeitsmentalität

Die Arbeitsmentalität in Kanada ist komplett anders, als man das aus Deutschland gewohnt ist. Es dauert einige Zeit (unter Umständen bis man stirbt), bis die kanadische Arbeitsmentalität auf einen Deutschen abfärbt. Da fehlt uns Deutschen irgendwie ein Gen. Das Gelassenheits-Gen. Den Stellenwert, den Arbeit in Deutschland hat, wird sie in Kanada höchstwahrscheinlich niemals erreichen. Wobei der Kanadier alles andere als faul ist. Gearbeitet wird hier nicht selten in Zehn- oder Zwölf-Stunden-Schichten. So gibt es auch Vier-Tage-Wochen von Montag bis Donnerstag, in denen man dann insgesamt achtundvierzig Stunden arbeitet. Freitag bis Sonntag ist frei. Manchmal. Man kann auch fünf oder sechs Tage die Woche zwölf Stunden runterholzen, sofern genug zu tun und man physisch und psychisch entsprechend fit ist. Wenn man dann bedenkt, dass man normalerweise nur zehn bis fünfzehn Tage Urlaub im Jahr hat, dann wird einem als Deutschen schon bei der Vorstellung daran schlecht, in einem kanadischen Unternehmen zu arbeiten. Unmöglich, ja, nahezu unmenschlich ist das. Sagt der Deutsche. Wenn man sich dann aber den tiefenentspannten Kanadier anschaut, sieht der meist gar nicht so unglücklich aus. Und beschweren wird er sich eher selten. Aber woran liegt das?

Meine Theorie ist, dass die exakte Definition der Zuständigkeiten maßgeblich zu diesem Phänomen der super entspannten Arbeitshaltung beiträgt. Man verzettelt sich wesentlich weniger. Wie bei den deutschen Beamten ist so gut wie jeder Handstreich bis ins kleinste Detail oberpenibel geregelt. So ist man beispielsweise als Rezeptionistin für die eingehende, nicht aber für die ausgehende Post zuständig. Das ist eine Tatsache, kein Witz. Um ausgehende Post kümmert sich ausschließlich die Sekretärin. Der Kanadier weiß haargenau, was in seinen Zuständigkeitsbereich fällt und was nicht. Und daran hält er sich. Wofür er nicht zuständig ist, interessiert ihn auch nicht. Nichtwissen schafft Freizeit, und das wiederum entspannt.

Ein weiterer essenzieller Punkt ist, dass der Kanadier keinen Wert darauf legt, bei der Arbeit alles perfekt machen zu müssen. Achtzig Prozent ist doch schon wirklich prima. Von den in Deutschland geforderten einhundert Prozent hat er noch nie was gehört. Und wenn, lacht er darüber. Außer in Branchen, in denen es tatsächlich darauf ankommt, wie in der Luftfahrtindustrie zum Beispiel. Perfektionismus behält sich der Kanadier eher für die Freizeit- und Urlaubsgestaltung vor. Seine Prioritäten hat er einfach anders gelegt. Folglich ist er bei der Arbeit weniger gestresst. Er hat die große Gabe, auch mal fünf gerade sein zu lassen. »*Good enough*« (gut genug) ist ein Ausspruch, den man des Öfteren bei der Arbeit hört. In allen Branchen. Da wird nicht lange rumgebastelt und ausgefitzelt bis ins kleinste Detail, wenn es doch schon passt. Zum besseren Verständnis hier noch ein kleines Beispiel aus meinem beruflichen Erfahrungsschatz: »*Are babies dying?*« (Sterben gerade Babys?) war die übliche Reaktion einer meiner ehemaligen Vorgesetzten, wenn es wegen irgendwelcher Unstimmigkeiten Aufregung oder Probleme im Büro gab. Gut, das rückt natürlich alles wieder in die richtige Perspektive – aus kanadischer Sicht. Zur Problemlösung trägt diese Einstellung allerdings herzlich wenig bei. Man sollte meinen, so kann doch kein Unternehmen überleben, aber erstaunlicherweise funktionieren die Firmen und Betriebe ganz gut.

Praxistipp

Aus dem Handbuch *Der kleine Manager* (wenn ich das jetzt mal spöttisch so nennen darf) stammt höchstwahrscheinlich die auch in Kanada häufig praktizierte Vorgehensweise, vor einer persönlich ausgesprochenen Kritik immer erst ein Lob anzubringen, damit der Mitarbeiter oder Kollege sich nicht angegriffen oder beleidigt fühlt. Deutsche haben in Kanada den Ruf, etwas zu direkt zu sein. Schuldig im Sinne der Anklage – wir haben eher nicht gelernt, um den heißen Brei herumzureden. Wenn man mit Kanadiern gut auskommen will (nicht nur beruflich, sondern auch privat), sollte man sich diesen Tipp mit dem Lob vor der Kritik aber ganz unbedingt zu Herzen nehmen!

»UND DU BIST RAUS« AUF KANADISCH

10

Kündigungsschutz

Die Arbeitswelt in Kanada unterscheidet sich in einigen Dingen von der deutschen. Wie sehr, habe ich ja in den vorherigen Kapiteln deutlich gemacht.

Ein weiterer wichtiger Punkt ist der Kündigungsschutz. Jobsicherheit ist das, was der Mensch sucht und in den meisten Fällen auch braucht. Überall auf der Welt. Aber kann man das in der heutigen Zeit mit ihrer Schnelllebigkeit überhaupt noch finden? Das Konzept der Jobsicherheit scheint manchmal wie eine Erinnerung an eine ferne Galaxie oder eine ganz weit zurückliegende Zeit zu sein. Sicherheit im Berufsleben, so wie unsere Eltern das noch kannten, gibt es schon lange nicht mehr. Und das ist zwischenzeitlich wohl fast überall auf der Welt so. Kanada bildet da nicht wirklich eine Ausnahme, und in Deutschland muss man ja mittlerweile auch schon froh sein, wenn man einen Arbeitsvertrag über ein volles Jahr anstatt über nur sechs Monate ergattern kann. Nichtsdestotrotz ist das immer noch mehr Sicherheit, als sie im kanadischen System geboten wird, denn – anders als in Kanada – muss der befristete Vertrag in Deutschland von der Arbeitgeberseite auch erfüllt werden.

Das kanadische oder nordamerikanische System *hire and fire* ist da noch mal eine ganz andere Hausnummer. Vereinfacht ausgedrückt, funktioniert es so, dass man binnen zweier Wochen (oder in manchen Fällen sogar auch von heute auf morgen) seinen Job verlieren kann. Und dann steht man da, ohne Arbeit und – was noch viel schlimmer ist – ohne Zusatzleistungen in der Krankenversicherung. In Kanada ist man da zwar vergleichsweise fortschrittlich, weil man auch ohne Arbeitsstelle kostenfrei krankenversichert ist. Das gilt aber nur für die medizinische Grundversorgung. Sämtliche Zuzahlungen zu Medikamenten oder Extrazahlungen für Behandlungen fallen dann leider weg. Ebenso die Übernahme der Zusatzkosten beim Zahnarzt. Es sei denn, man hat sich noch privat versichert, wenn man das nötige Kleingeld dazu übrig hat. Ansonsten kann man ganz schnell in einen finanziellen Engpass geraten, wenn man irgendwelche Grunderkrankungen hat und regelmäßig auf Medikamente angewiesen ist. Ganz bitter wird es auch, wenn man ausgerechnet in der arbeitslosen Zeit eine umfangreichere Zahnbehandlung oder -prothese braucht.

Dabei macht es einen großen Unterschied, ob man tatsächlich *fired* oder nur *laid off* ist. *Layoffs* sind vor allem in Alberta aufgrund der mannigfaltigen Jobs in der Öl- und Gasindustrie allgegenwärtig. Da wird man zwar entlassen, aber meistens nur für eine bestimmte Zeit. Wenn die Auftragslage nach einer Weile besser geworden ist, wird man wieder eingestellt. Das kann allerdings schon mal bis zu zwölf Monaten dauern. Manche Kanadier – eher die unentspannten, meist mit deutschem Migrationshintergrund – suchen sich in der Zwischenzeit eine neue Arbeit und hoffen geduldig darauf, dass ihr alter Arbeitgeber sie wieder zurückholt. Dann werden auch schlechter bezahlte Jobs als Zwischenlösung angenommen. Ist ja sowieso nur vorübergehend.

Der normale, tiefenentspannte Kanadier genießt aber die unfreiwillig gewonnene freie Zeit und macht erst mal Urlaub oder widmet sich seinen Hobbys. Viele Arbeitnehmer in Alberta kommen aus Newfoundland und nehmen *layoffs* gerne zum Anlass, für eine Weile nach Hause zu gehen. Wenn der Ölpreis steigt und der Bau einer neuen Pipeline von der Regierung genehmigt ist, strömen die *Newfies* wieder zurück nach Alberta.

Gut zu wissen

Die Arbeitslosenquote für ganz Kanada lag im Mai 2019 bei einem historischen Tief von 5,4 Prozent. Das war der niedrigste Stand in über vierzig Jahren. Alberta hatte dabei eine Quote von 6,7 Prozent. Trotz der gegenwärtig positiven Zahlen bleiben die Kanadier vorerst angeblich pessimistisch, was die berufliche Situation anbelangt. So waren in einer 2019 durchgeführten Umfrage immerhin fünfundsiebzig Prozent der Albertaner der Meinung, dass eine Rezession in den kommenden drei Jahren sehr wahrscheinlich sei.

Wie schnell und heftig diese Rezession tatsächlich kommen sollte, konnte niemand vorhersehen. Mit der COVID-19-Pandemie stürzten die positiven Arbeitsmarktzahlen rapide ab. Im Mai 2020 explodierte die Arbeitslosenquote in Alberta auf satte 15,5 Prozent, pendelte sich im September 2020 schließlich bei 11,7 Prozent ein und war damit eine der höchsten Kanadas.

Erst 2021 erholte sich die Lage allmählich wieder etwas und fand sich bei knapp unter 9 Prozent ein.

DER KANADIER TANZT BERUFLICH GERNE AUF VIELEN HOCHZEITEN

11

Berufswahl

Einen Beruf ergreift der Kanadier in der Regel nicht für ein ganzes Leben. Das macht für ihn wenig Sinn. Die ganze Berufswahl scheint für ihn sowieso völlig überbewertet. Seine Herangehensweise ist eher pragmatisch. In erster Linie muss man mit seiner Arbeit Geld verdienen, damit man sich eine schöne Freizeit machen und hübsche Sachen leisten kann. Keiner hängt da so wirklich an seinem ursprünglich erlernten Beruf. Loyalität ist fehl am Platz. Der Kanadier ist unbeständig und ein *job hopper*. Der typische Lebenslauf eines Kanadiers treibt einem karriereorientierten, pflichtbewussten Deutschen eher den kalten Angstschweiß auf die Stirn. Kanadier trauen sich einfach alles zu und probieren furchtlos aus, wozu sie Lust haben. So arbeiten Lehrer auch schon mal als Automechaniker. Warum? Ganz einfach: weil man da besser verdient. Unverantwortlich und eine gnadenlose Selbstüberschätzung ist so was! Oder etwa doch nicht? Nennt man das einfach Mut und Lebenslust?

Nicht selten wird in der Mitte des Lebens nochmal eine völlig neue Richtung eingeschlagen. So lernte ich einmal ein Ehepaar kennen, das sich mit Mitte vierzig zum Lehramtsstudium einschrieb, um dann die noch verbleibenden zwanzig Berufsjahre als Schuldirektor und Lehrer zu verbringen. Wie sie mir beide versicherten, waren das ihre schönsten Jahre in der Arbeitswelt. Eine Nachbarin, die ursprünglich Rechtsanwaltsgehilfin gelernt und auch über zehn Jahre in diesem Beruf gearbeitet hatte, ließ sich umschulen zur Laborassistentin. Kurz und schmerzlos. Alles wegen der besseren Jobaussichten und Verdienstmöglichkeiten. Und damit ich heute die äußerst merkwürdig anmutende Geschichte erzählen kann, dass mir in Kanada von einer Rechtsanwaltsgehilfin Blut abgenommen wurde.

Ausbildungen und Umschulungen sind übrigens relativ wenig zeitaufwendig, dafür aber meist kostenintensiv. Eine anerkannte Ausbildung zur Laborassistentin hat man mit zweiundzwanzig Wochen Theorie und sieben Wochen Praktikum in der Tasche. Eine Arzthelferin wird in nur drei bis vier Monaten ausgebildet. Die ernüchternde Konsequenz daraus ist, dass man hier so etwas wie Beruf als Berufung dann doch eher selten findet.

Und überhaupt scheint es, als gäbe es in Kanada gar kein wirkliches Ende der beruflichen Laufbahn oder Möglichkeiten. Weder Maß noch Ziel hat es, dieses unersättliche Volk. In den Unternehmen gibt es zunehmend mehr ältere Arbeitnehmer. Die haben – im Gegensatz zu den jüngeren Kollegen – meist von Natur aus die Ruhe weg, und das wiederum trägt enorm zum guten und entspannten Arbeitsklima bei. Anders als beispielsweise in Deutschland ist in Kanada ein Arbeitnehmer mit über fünfundfünfzig Jahren weder ein Problem, noch eine Seltenheit. Ganz im Gegenteil: Ältere Mitarbeiter werden aufgrund ihrer Berufs- und Lebenserfahrung geschätzt und tatsächlich sehr gerne eingestellt. Selbst Rentner jenseits der siebzig finden hier noch Arbeitsmöglichkeiten.

Aber

Die meisten Jobs für ältere Arbeitssuchende sind Teilzeitstellen. Es gibt Jobs, die man auch mit fünfundsiebzig oder achtzig noch locker und mit viel Spaß ausüben kann. Dass es solche Jobs überhaupt gibt, ist erstaunlich. Aber da sind die Kanadier wirklich erfinderisch. Ein Paradebeispiel ist da der *greeter* (Begrüßer) im Supermarkt. Er oder sie sitzt am Eingang des Supermarktes auf einem Stuhl und begrüßt die Kunden mit einem freundlichen *»good morning«* oder *»hello«*. Beim Verlassen des Geschäfts ruft er ihnen dann ein *»have a nice day«* hinterher. Das erhöht die Kundenbindung und stärkt gleichzeitig das psychische Wohlergehen unserer älteren Mitmenschen, da sie so nicht nur weiterhin ihr Scherflein beitragen, sondern auch weiter in die Gesellschaft integriert sind. Gleichzeitig pflegen sie soziale Kontakte, wenn sie das ein oder andere Schwätzchen mit den Kunden halten, und müssen nicht seelisch und geistig verkümmern. Als netten Nebeneffekt bessern sie so auch noch ihre Pensionskasse auf.

KANADIER ÜBERTREIBEN MASSLOS BEI IHREN FEIERTAGEN

12

Halloween

Da der Kanadier sowieso schon mit wahnsinnig wenigen Urlaubstagen auskommen muss, hat er sich beim standesgemäßen Feiern der Feiertage dann so gar nicht mehr im Griff. Vorausschicken muss man hier, dass es Feiertage gibt, die in ganz Kanada gelten, und dann noch Sonderfeiertage der einzelnen Provinzen. In Alberta gibt es beispielsweise insgesamt zwölf Feiertage pro Jahr, fünf davon sind nationale und die restlichen sieben sind Provinzfeiertage. So feiert man hier im Februar zum Beispiel den *family day* – ein Tag zu Ehren der Familie.

Harte Fakten

Damit der Kanadier auch wirklich keinen wertvollen Feiertag verpasst, hat man sich ein ganz besonders arbeitnehmerfreundliches System ausgedacht. Für den unglückseligen Fall, dass ein Feiertag auf ein Wochenende fällt, wird dieser ganz einfach am darauffolgenden Montag nachgeholt. Ganz im Ernst. Da verschiebt man kurzerhand den freien Tag, damit auch wirklich alle was davon haben. Eine gute Erfindung, wie ich meine.

Die Hauptfeiertage wie Ostern, Weihnachten, Thanksgiving und – nicht zu vergessen – Halloween werden bereits Wochen vor deren tatsächlicher Ankunft für jedermann sichtbar angekündigt. In den Vorgärten auf den Grundstücken der Leute wird alles aufgefahren, was man sich nur vorstellen kann. Kitschig, geschmackvoll, geschmacklos, Plastik, Metall, Müll. Alles. Am schlimmsten, wie Sie sich sicher denken konnten, ist es ganz klar an Halloween. Da kennt das Gruseln und Grauen keine Grenzen. Es wird teilweise so schlimm, dass sogar Beschwerden bei der Stadt oder Gemeinde eingehen. So hatte beispielsweise mal in meinem Wohnort ein offensichtlich riesengroßer Halloween-Fan einen Autounfall mit Zombies über die gesamte Länge seines Grundstücks im Garten nachgestellt. Die Leute kamen scharenweise, um sich dieses Spektakel live anzusehen. Gruselig war das, da sehr detailgetreu und täuschend echt. Abgerissene Gliedmaßen und blutende Gerippe, auf dem Zaun aufgespießt, sieht man halt doch nicht alle Tage. Das wurde so manchem zu viel, und so gab es zunehmend Beschwerden. Auch in der Lokalpresse und im TV wurde darüber berichtet und gestritten, ob man so was nun darf oder doch nicht. Wie das Ganze ausgegangen ist, weiß ich leider nicht. Ich werde nächstes Halloween mal an besagtem Haus vorbeifahren und prüfen, welchen schaurigen Grusel sich der Besitzer für dieses Jahr hat einfallen lassen.

Ein paar Wochen nach Halloween wird es in der Regel besser, wenn auch nicht zwangsläufig geschmackvoller. Dann nämlich zieren Micky-Maus-Weihnachtsmänner und sonstige harmlose, aber zumeist kitschige Gestalten die Rasen und Vorgärten. Auch Elsa, Anna und Olaf sowie drei Meter hohe aufblasbare Schneemänner und beleuchtete Schlitten mit Rentieren auf dem Dach sind keine Seltenheit. Dazu Hunderte und teilweise sogar Tausende von Lämpchen, die in allen Farben des Regenbogens blinken. Was das kostet! Die Stromrechnung möchte ich nicht bezahlen müssen. Und an den Klimawandel denkt in dieser Zeit ganz sicher auch keiner mehr. Aber noch leuchten sie ja so schön beim Anblick der Lichter, die kleinen Kinderkulleraugen. Wer kann da schon nein sagen zum überdimensionierten Weihnachtshausschmuck?

Praxistipp

In Edmonton gibt es jedes Jahr um die Weihnachtszeit die *Candy Cane Lane*. Das ist eine wunderschön geschmückte Straße, in der die stolzen Hausbesitzer alle ihre Vorgärten und Häuser mit eindrucksvoller Weihnachtsdekoration und -beleuchtung versehen. Die Straße lockt Tausende Besucher jedes Jahr. Anstelle von Eintrittsgeld bezahlt man mit einer Spende für die *food bank*. Die *Candy Cane Lane* ist inoffiziell DAS Vorbild für Zusammengehörigkeit, denn alle Nachbarn machen mit. Wer hier wegzieht, hinterlässt seine Deko inklusive Beleuchtung für den neuen Hausbesitzer, damit dieser die Tradition fortführen kann.

KANADIER SIND ENTWEDER SPASSVÖGEL ODER HABEN RIESIGE KOMPLEXE – MAN WEISS ES NICHT SO GENAU

13
Elchkrieg

Wenn man in ländlichere Gegenden in Kanada reist – egal, in welcher Provinz – fällt einem sofort auf, dass sich nahezu jeder Ort, ach, was sage ich, selbst das kleinste Kuhkaff, ein unverkennbares Markenzeichen in Form einer riesigen Skulptur geschaffen hat. Diese wird zumeist am Ortseingang oder zumindest vom Highway aus sehr gut sichtbar und protzig aufgestellt. Hauptzweck ist es natürlich, Touristen anzulocken. Von der weltgrößten Libelle (in Wabamun, Alberta) über das weltgrößte Osterei (in Vegreville, Alberta) bis hin zu den längsten Langlaufskiern (100 Mile House, British Columbia) gibt es nichts, was nicht schon als Skulptur aus allen möglichen Materialien zusammengeklöppelt wurde. Wenn Sie etwas Zeit übrig haben, recherchieren Sie doch mal im Internet und schauen Sie sich entsprechende Fotos davon an. Ich garantiere Ihnen, dass diese wesentlich zu Ihrer Erheiterung beitragen.

Übrigens

Apropos Erheiterung: Der erste UFO-Landeplatz der Welt wurde in St. Paul, Alberta gebaut und am 3. Juni 1967 feierlich eröffnet. In den neunziger Jahren wurde neben dem Landeplatz passend zur Außerirdischenthematik ein Touristeninformationszentrum eröffnet, in dem unter anderem Bilder von angeblich echten UFOs zu sehen sind.

Die Frage, die sich einem beim Anblick dieser Skulpturen aufdrängt, ist aber, ob das lediglich Angeberei ist oder ob der Kanadier an sich nicht doch eventuell irgendwelche latenten Minderwertigkeitskomplexe hat, die er verarbeiten muss. Oder ist er einfach nur ein riesiger Spaßvogel und nimmt das Leben von der heiteren Seite? Er wird sich doch nicht etwa in dieser furchtbaren Welt die Unverfrorenheit herausnehmen, sich auf heitere Dinge ohne tieferen Hintergrund zu konzentrieren? Ich befürchte, diese Frage werden wir wohl nie ganz klären können.

Ein ganz besonderer Fall, auf den ich Sie an dieser Stelle aufmerksam machen möchte und der jüngst sogar weltweit durch die Presse ging, ist die Geschichte von Mac the Moose. Bis 2019 war Mac the Moose in Moose Jaw, Saskatchewan der größte Elch der Welt. Ein aus Beton und Stahl geformter, zehn Tonnen schwerer und knapp zehn Meter hoher Koloss. Ob er tatsächlich auch hübsch ist, liegt allein im Auge des Betrachters, sage ich mal. Den Norwegern scheint er jedenfalls nicht so gut gefallen zu haben (oder vielleicht waren sie auch bloß neidisch), und so bastelten sie fortan an ihrem eigenen Exemplar. Was für ein Affront, als Mac dann von dem norwegischen Stahlelch um ganze dreißig Zentimeter überragt wurde! Und das norwegische Ding glänzte auch noch wie verrückt. So eine Unverschämtheit. Die Medien liebten den norwegischen Riesen und berichteten fortan begeistert über ihn. Mac war vergessen.

Das konnten die Kanadier aber natürlich keinesfalls auf sich sitzen lassen und erklärten Norwegen kurzerhand den Elchkrieg! Akribisch wurde fortan in Kanada ausgetüftelt, wie man sich den Rekord schnellstmöglich wieder zurückholen könnte. Viele kluge Köpfe rauchten in endlosen Besprechungen, und man kam schließlich auf die grandiose Idee, lediglich das Geweih des Elchs abzunehmen und es größer zu machen. Mac the Moose stand also einen Sommer lang – sehr zur Verwunderung der vorbeifahrenden Touristen – ohne Geweih am Straßenrand, bevor seine »Operation« am 10. Oktober 2019 beendet war und Mac mit neuem Kopfschmuck und viel Tamtam stolz der Öffentlichkeit präsentiert wurde. Seither hat er wieder den Titel »größter Elch der Welt«. Damit ist auch die Welt in Saskatchewan und dem Rest von Kanada wieder in Ordnung.

»DÄ ZOCH KÜTT!« ODER AUF KANADISCH ANSTATT KÖLSCH: »WHERE'S THE END?«

14

Öffentliche Verkehrsmittel

Öffentliche Verkehrsmittel in Kanada sind relativ einfach und schnell erklärt: das Flugzeug. Ende der Geschichte. Klimawandel hin oder her, bei der Bewältigung längerer oder auch kürzerer Strecken im zweitgrößten Land der Welt argumentiert der Kanadier gerne, dass er ja beinahe schon dazu gezwungen ist, bei der Wahl des geeigneten Transportweges auf den Luftverkehr auszuweichen. Er verschweigt aber wahrscheinlich aus Scham dabei, dass das Schienensystem einfach nur zu wenig fortschrittlich angelegt ist, als dass es sinnvoll für den Personentransport genutzt werden könnte.

Dä Zoch (hochdeutsch: der Zug) ist in Kanada ein sehr zuverlässiges Transportmittel – für Güter, nicht für Menschen. Und die Güterzüge hier sind lang, sehr lang. Bis zu unglaublichen drei (!) Meilen (umgerechnet 4,8 Kilometer) können sie messen. Wenn man, an der geschlossenen Bahnschranke stehend, Wagons zählen will, um sich die Wartezeit zu verkürzen, kann es passieren, dass man hinter dem Steuer einschläft, bevor man am Ende der Wagonschlange angelangt ist. Wer in Kanada einmal an einem solchen Bahnübergang gestanden hat, weiß, wie nervig das sein kann. Als ich noch zur Gruppe der Raucher gehörte, konnte ich in den meisten Fällen eine ganze Zigarette qualmen, bis der Zug dann endlich vorbei war. Wenn man einen Bahnübergang in der Nähe seines Aufenthaltsortes hat und zu einem Termin muss, sollte man unbedingt eine viertel Stunde eher losfahren für den Fall, dass ausgerechnet dann einer dieser unendlich langen Züge durchfahren muss.

Gut zu wissen

Güterzüge und Personenzüge teilen sich die Gleise. Dabei haben Güterzüge in Kanada Vorfahrt, weil sie lukrativer sind als Personenzüge. Auch hier dreht sich wieder mal alles nur um den schnöden Mammon. Personenzüge werden deshalb auf Ausweichgleise umgeleitet und müssen warten, bis der Güterzug vorbeigerauscht ist (was ja, wie wir soeben gelernt haben, aufgrund der Länge durchaus dauern kann). So kommen die massiven Verspätungen bei der Personenbeförderung und der damit verbundene schlechte Ruf der kanadischen Bahn zustande. Welche schlauen Ingenieure sich dieses System ausgedacht haben, bleibt ein Rätsel.

Außer für die Luxusreisezüge und Touristenattraktionen wie The Canadian, der Kanada einmal komplett von der Ostküste bis zur Westküste und damit fünf verschiedene Zeitzonen durchquert, und den Rocky Mountaineer habe ich auch nach über zehn Jahren, in denen ich in Kanada lebe, noch niemals Werbung für die Bahn gesehen. Irgendwie seltsam. Bis vor Kurzem wusste ich nicht einmal, wo genau sich bei uns der Bahnhof befindet.

Wie bereits erwähnt, hat die kanadische Bahn nicht den besten Ruf, und Kanadier finden es eher abenteuerlich und mutig, wenn man sagt, man wolle mit dem Zug von A nach B fahren. *»Sure you wanna take the train?«* (Bist du sicher, dass du den Zug nehmen willst?) ist die Frage, die üblicherweise wie aus der Pistole geschossen kommt, wenn man eine geplante Bahnfahrt ankündigt. Oder man wird direkt ausgelacht. Verspätungen von bis zu neun Stunden kommen tatsächlich auch vor, aber Via Rail (die kanadische Bahn) hat vorgesorgt und weist auf ihrer

Internetseite sogar explizit darauf hin, dass man am Tag der Ankunft an einem Bahnhof vorsichtshalber keinen Anschlusszug oder -flug buchen sollte. Sicherer ist es, die Weiterreise erst für den nächsten Tag zu buchen. So viel Zuversicht hat die kanadische Bahn in sich selbst.

Praxistipp

Damit Sie sich mit der harten Realität vertraut machen können, hier ein kurzes Rechenbeispiel zum Vergleich: Von Edmonton bis Vancouver sind es circa 1.150 Kilometer. Für diese Distanz braucht man mit dem Auto zwölf bis dreizehn Stunden. Sollte man sich tatsächlich für die Bahn entscheiden, dauert die Reise dann schon satte zweiunddreißig Stunden oder sogar länger! Mit dem Flugzeug sind es gerade mal eineinhalb Stunden. Na, sind Sie jetzt immer noch ein so vehementer Verfechter der umweltfreundlichen Bahn, oder entscheiden Sie sich doch lieber um?

»IT'S HOCKEY NIGHT IN CANADA!« ODER: WEG VOM KLISCHEE, HER MIT DER REALITÄT

15

Nationalsport

Samstagabend. Endlich. »*It's Hockey Night in Canada!*« tönt es aus dem Lautsprecher des Fernsehgerätes. Abertausende Kanadier warten sehnsüchtig darauf, dass es wieder losgeht. Auf dem Bildschirm zu Hause oder in einer *Sports Bar* – jeder sitzt vor der Flimmerkiste. Selbst die Sportmoderatoren kennt man, auch als Nichtsportler. Das Riesenspektakel ist am ehesten mit der Fußballbundesliga und dem Topspiel Bayern München gegen Dortmund zu vergleichen. Wobei, das ist jetzt wahrscheinlich eine Beleidigung für jeden echten kanadischen Eishockey-Fan, wo Eishockey doch der größte Sport der Welt ist!

Als gäbe es kein Morgen, versammelt man sich nun samstagabends vor der Glotze, um die Spiele zu verfolgen. Man hat ja nicht so viel Zeit, die Saison ist kurz. Von September bis April, also nur acht Monate. Danach muss man dummerweise wieder irgendwie den Sommer mit der Familie rumbringen. Zum Glück ist es bis zum Sommer noch lang hin. Jetzt ist erst mal Eishockey angesagt. Und das genießt man folgendermaßen: In der Regel hat man eine komplett mit Kühlschrank, Bar und Riesenflachbildschirm-TV eingerichtete *man cave* (wie der Name schon sagt, befindet sich dieser Ort im Keller und soll vorzugsweise Männern als Aufenthaltsraum vorbehalten sein), wo man sich mit seinen Freunden zum Spielanschauen trifft. Der Samstagabend wird mit den Helden der Eisbahn zelebriert. Dazu gibt es Popcorn, Nachos, Hotdogs, Cheeseburger, Bier und alles, was sonst noch frittiert oder anderweitig ungesund ist und zum vorzeitigen Tod durch Verfettung führen könnte. Wer aus unerfindlichen Gründen nicht zu Hause bleiben kann, trifft sich mit Freunden in einer *Sports Bar*, um das aktuelle Spiel zu verfolgen. Bei identischer Menüauswahl wie oben natürlich – nur mit noch mehr Frittierfett. Wer sich Karten für die Arena leisten kann, geht selbstverständlich dorthin und schaut sich das Spiel live an. Und – Sie haben es schon richtig vermutet – ebenfalls bei identischer Menüauswahl wie oben.

Die Eishockeybegeisterung wird dem Kanadier bereits in die Wiege gelegt. Während man auf deutschen Babystramplern herzallerliebste Sprüche wie »Mamas und Papas Liebling« liest, wird es in Kanada gleich ab der Geburt ernst. Da steht ermahnend auf dem Strampler *»I was told I like hockey«* (Man hat mir gesagt, dass ich Eishockey mag). Oberstes Ziel vieler Eltern ist es, sich einen professionellen Eishockeyspieler als Nachwuchs heranzuzüchten. Dafür opfern sie alles. Ihr Geld, ihre Zeit, ihre Nachtruhe.

Hockey moms, wie man sie hier liebevoll nennt, stehen samstagmorgens um drei Uhr (also mitten in der Nacht) auf, um den Sprössling zu einem vierhundert Kilometer entfernten Spiel zu fahren (und das gilt noch als nah). Kein Problem für kanadische Muttis. Wenn die Kleinen dann richtig gut sind und es im Idealfall später in die NHL (kanadische Eishockey-Bundesliga) schaffen, haben auch die Eltern ausgesorgt. NHL-Spieler sind in Kanada Nationalhelden und verdienen so viel Geld, dass sie es zu Lebzeiten gar nicht ausgeben können. Selbstverständlich unterstützen die Eltern ihre Kinder bei diesem Sport aber aus purer Liebe zu ihnen. Und aus Liebe zum Nationalsport Eishockey natürlich. Geld und Ruhm spielen dabei keine Rolle. Das sagen die, deren Kinder es nicht in die NHL geschafft haben. Eishockey-Eltern haben allerdings den Ruf, besonders gute und aufopfernde Eltern zu sein, deshalb nehmen viele diese Rolle auch besonders ernst.

Aber

Eishockey ist ein richtig teurer Spaß. Allein die Ausrüstung kostet ein kleines Vermögen. Kinderfüße wachsen schnell, und da müssen auch jedes Jahr neue Schlittschuhe her. Die kosten zwischen hundert und tausend Dollar das Paar! Die Hockeyschläger liegen bei zwei- bis dreihundert Dollar. Davon braucht man drei bis vier pro Saison, weil die auch gerne mal brechen. Ganz zu schweigen von den vielen Auswärtsspielen, die verstreut an jedem Wochenende in ganz Kanada stattfinden und zu denen die Kinder gefahren werden müssen. Zum Glück ist Benzin in Kanada billig. Noch.

Laut einer von *Hockey Canada* durchgeführten Umfrage gaben Eltern in der Saison 2011/2012 für ihre Kinder im Schnitt dreitausend Dollar aus. Diese Zahl steigt in dem Maße, wie sich das Kind verbessert und in höhere Ligen aufsteigt. Da liegt der Durchschnitt dann bereits bei zehn- bis fünfzehntausend Kanadischen Dollar pro Saison.

KANADISCHE ELTERN FÖRDERN DAS LOTTERLEBEN IHRER KINDER

16

Heimunterricht

Bleiben wir bei den kanadischen Eltern. Anders als in Deutschland, wo es eine Schulpflicht gibt und der Unterricht zu Hause verboten ist, gibt es in Kanada das Phänomen des *homeschooling*, also Heimunterricht. Eltern können wählen, ob sie ihr Kind in eine öffentliche Schule schicken oder lieber selbst zu Hause unterrichten wollen. Und in letzterem Fall darf das jeder. Wirklich jeder. Die kanadische Mutti oder auch der Vati ist für das Unterrichten vollständig qualifiziert, auch wenn sie selbst keinen Schulabschluss haben sollten. Ein Lehramtsstudium brauchen sie dafür definitiv nicht. *Home-*

schooling ist in Kanada (und auch den USA) alles andere als bloß ein Trend, der sich stetig wachsender Beliebtheit erfreut; es ist vielmehr eine Lebenseinstellung.

Es gibt verschiedene Entwürfe beim *homeschooling*, und so kann man wählen, ob man sich strikt an den Lehrplan halten will, der an öffentlichen Schulen gelehrt wird, oder ob man freier bei der Fächerwahl sein möchte und sich nur bei den Hauptfächern an der »normalen« Schule orientiert.

Gut zu wissen

In Kanada werden schätzungsweise sechzigtausend Kinder zu Hause unterrichtet. Wie verschiedene Studien zeigen, schneiden Kinder, die zu Hause unterrichtet werden, in Tests oftmals besser oder zumindest nicht schlechter ab als Kinder, die öffentliche Schulen besuchen.

Wie sieht das *homeschooling* aber denn nun konkret aus? Folgendes Szenario: Es ist Montag, und die kleine Priscilla hat heute gar keine Lust aufzustehen. Kein Problem. Ob der Unterricht um acht Uhr morgens oder um zwölf Uhr mittags beginnt, spielt keine Rolle. Gesunder Schlaf ist wichtig, und da kann Priscilla ruhig ausschlafen, so lange die erforderlichen zwei (!) Stunden Unterricht am Tag eingehalten werden.

Übrigens

Ja, ja, ich habe Ihren entsetzten Aufschrei gehört wegen der zwei Stunden. Aber: Zwei Stunden sind mit Sicherheit eine Ewigkeit, wenn man der einzige Schüler in der Klasse ist. Oder können Sie sich daran erinnern, in der Schule mal zwei Stunden am Stück die Aufmerksamkeit des Lehrers in Anspruch genommen zu haben? Na, also.

So, weiter im Text. Priscilla mag auch ihren Schlafanzug heute nicht ausziehen. Ebenfalls kein Problem. Die Matheaufgaben sind ihr irgendwie zu schwer. Macht nix, dann packen wir besser gleich das Handarbeitsbuch aus und basteln eben etwas Schönes. Beim Kinderarzt ist kurzfristig nachmittags ein Termin für eine Impfung frei geworden. Natürlich kann Priscillas Mutter zusagen und auch das gleich hinter sich bringen. »Hurra!« auf das *homeschooling*. Klare Strukturen? Disziplin? Fehlanzeige! Das ist doch mal ein richtiges Lotterleben!

Die Vorteile des *homeschooling* liegen damit auf der Hand. Die Kinder sind zu Hause, was in erster Linie ein Höchstmaß an Flexibilität sowohl für die Eltern als auch für die lieben Kleinen garantiert. Natürlich ist der Unterricht zu Hause auch wesentlich intensiver, und die Kinder können individuell nach ihren Begabungen gefördert werden. Das gibt den Eltern Freiheiten, die die armen Lehrer in den öffentlichen

Schulen doch niemals haben werden, insbesondere nicht bei so vollgestopften Klassenzimmern.

Auch das allgegenwärtige Mobbing und die Cliquen, die sich in den Schulen bilden, sind so überhaupt kein Thema mehr. Der Spießrutenlauf, den so manches Kind auf dem Schulweg hinlegen muss, damit es nicht bestohlen oder noch schlimmer verprügelt wird, fällt ebenfalls komplett weg. Insbesondere Kinder mit ADHS, die aufgrund ihrer Erkrankung im Normalfall in öffentlichen Schulen benachteiligt sind und für Lehrkräfte eine enorme Herausforderung darstellen können, fühlen sich zu Hause in ihrer gewohnten Umgebung am wohlsten und lernen wesentlich besser und leichter. *Homeschooling* schafft einen psychologisch stressfreien Lernraum für die Schüler. Der soziale Druck fällt einfach komplett weg. Mal ehrlich, hätten Sie sich das nicht auch gewünscht für Ihre Schulzeit? In Kanada wird den Eltern jedenfalls nicht vom Staat vorgeschrieben, dass sie ihre Kinder mit Mobbern in einem Klassenraum zwangsintegrieren müssen.

KANADIER SIND VERGNÜGUNGSSÜCHTIG – DRAUSSEN UND DRINNEN

17

Freizeitgestaltung

In der heutigen Zeit sind Computerspiele und *online games* ein weitverbreiteter Zeitvertreib. Der Kanadier liebt diese auch, setzt aber zunächst einmal auf Bespaßung in der realen Welt draußen in der Natur. Ja, sogar im kältesten Winter! Und was braucht man als erwachsener Mann dazu außer den entsprechenden warmen Winterklamotten? Richtig, motorisierte Spielzeuge. Davon kann man gar nicht genug haben. Wie wäre es denn mit Bewegung aus eigener Muskelkraft? Ach was, völlig überbewertet! Schneemobile, Quads, Motocross-Maschinen und Motorboote sind heutzutage gefragt. Letztere kommen natürlich fast ausschließlich im Sommer zum Einsatz.

Praxistipp

An dieser Stelle ein Wort der Warnung: Vorsicht bei der Auswahl des idyllisch am See gelegenen kanadischen Urlaubsortes. Es könnte sein, dass man an beliebten Seen alles andere als Ruhe und Erholung findet, wenn der wild gewordene einundzwanzigjährige Kevin mit seinem sechshundert Pferdestärken starken Motorboot mitsamt eingebauter Stereoanlage, Subwoofer und seinen Freunden Bier trinkend und grölend über den See heizt. Kevins Vorstellung von Urlaub und Erholung dürfte sich höchstwahrscheinlich nicht mit Ihrer decken.

Bei den Schneemobilen hat der Kanadier die kultigen Ski-Doos auserwählt. Gefahren wird überall, wo es geht: auf dem Acker hinter dem Haus, im Wald, auf präparierten Pisten und notfalls auf dem Gehsteig oder neben dem Highway. So sieht kanadische Freizeitgestaltung aus. Hauptsache laut und es stinkt nach Benzin! Herrlich ist das, wenn Mensch und Natur eins werden an der frischen Luft. Und die schönen schwarzen Rauchschwaden, die im Winde flattern. Wunderbar. Natürlich muss der Nachwuchs da auch mit, und zwar mit der entsprechenden Miniaturausgabe des motorisierten Gefährts. Der kleine

Kevin wird so von Kindesbeinen an an seine starke Verbindung mit der Natur gewöhnt.

Harte Fakten

Ski-Doos werden von Bombardier Recreational Products hergestellt und haben in Kanada inzwischen Kultstatus erlangt. Wer etwas auf sich hält, zahlt gerne ein bisschen mehr und kann schon mit einer Investition von zehntausend Dollar stolzer Besitzer eines solchen Gefährts werden.

Wenn der vergnügungssüchtige Kanadier mal genug von all der frischen Luft hat und sich zur Abwechslung mit elektronischer Unterhaltung oder Glücksspielen betäuben möchte, tut er dies vorzugsweise im dazu passenden Rahmen. Da er gerne überall eine Schippe drauflegt und standesgemäß bespaßt werden will, begibt er sich zu diesem Zweck gerne ins Casino. Dort gibt es nicht nur die klassischen einarmigen Banditen und modernste Glücksspielautomaten mit überdimensionierten Bildschirmen, auf denen Ausschnitte aus angesagten Kinofilmen eingespielt werden, sondern auch separate Pokerräume, in denen Blackjack oder Poker gespielt wird. Ebenso Wettbüros, in denen Sport-Events – auf die man vorher natürlich gewettet hat – live im TV übertragen werden. Allein in Edmonton gibt es über zehn Casinos. Eins davon hatte sogar eine echte Pferderennbahn, sodass man hier bis vor Kurzem noch live Pferdewetten abschließen konnte. Leider wurde die Rennbahn mittlerweile geschlossen und eine neue am Flughafen eröffnet. Kein Wunder, dass bei diesem Überangebot viele Menschen tatsächlich eine Spielsucht entwickeln. Die scheinheiligen Casinobetreiber haben vorsorglich überall Broschüren ausgelegt mit Infos, wie man Spielsucht erkennt und vermeidet und wo man Hilfe bekommt, bevor man sein Hab und Gut verzockt und es ganz zu spät ist. Eine eigens dafür eingerichtete kostenfreie *helpline* kann man Tag und Nacht anrufen, wenn man sich zum eigenen Spielverhalten beraten lassen möchte oder Hilfe benötigt, weil man befürchtet, bereits der Spielsucht verfallen zu sein. Die Casinos sind hier so ausgefuchst, dass ich ihnen nachfolgend noch ein eigenes Kapitel gewidmet habe.

KANADISCHE CASINOS HABEN ALLES UNTER EINEM DACH

18

Entertainment

Wie bereits angedroht, hier die Fortsetzung der Casino-Story: Casinos sind ein ganz eigenes Phänomen in Kanada. Vergessen Sie alles, was Sie an Vorstellungen von einem Casino haben, und erwarten Sie bloß kein elitäres Publikum und gehobenes Entertainment, wie Sie das aus europäischen Casinos gewohnt sind. Von einem »gesitteten« Casino, in das man nur mit Anzugjacke und sauberen Schuhen kommt, könnte es weiter nicht entfernt sein. In kanadischen Casinos herrscht ein lockerer und ungezwungener Umgang. Solange man nicht sturzbesoffen oder mit nacktem Oberkörper aufkreuzt, wird jedem Zutritt gewährt. Außer dem Mindestalter von 21 muss man weder eine Kleiderordnung, noch sonstige Vorschriften befolgen. Hier wird Spaß großgeschrieben. Und Spaß und Vorschriften passen nun mal nicht wirklich gut zusammen. Casinos sind in Kanada so populär, dass es sogar Casino-Ketten gibt. Kennt man eines davon, kennt man alle. Kein Individualismus mehr auf dieser Welt. Tsss.

Gut zu wissen

Die meisten Casinos werden von den *First Nations, Indigenous* oder *Aborigines,* wie man die früher als Indianer bezeichneten Menschen heutzutage politisch korrekt nennt, betrieben und sind auf deren Land gebaut. Somit gelten Sonderrechte. Aufgrund bestimmter Abkommen mit der kanadischen Regierung dürfen auf dem Land der *First Nations* sowohl Zigaretten als auch Alkohol verkauft werden, für die beim Einkauf keine Steuern bezahlt werden müssen. Deshalb sind Casinos auch so ein erstrebenswertes und lukratives Geschäft für die *First Nations*.

Auch wenn man (noch) nicht der Spielsucht verfallen ist, ist man trotzdem gern gesehener Gast, denn insbesondere die größeren Casinos haben weitere Besonderheiten im Angebot. Ein oder zwei Restaurants innerhalb des Casinos sind keine Seltenheit. Vom chinesischen Büfett über Prime Rib vom Sternekoch bis hin zum üppigen Frühstück für fünf Dollar bekommt man kulinarisch fast alles geboten. Und das zu günstigen Preisen. Die Betreiber geben ihr Bestes, um auch den letzten Spielmuffel in ihre heiligen Hallen zu locken. Wer weiß, vielleicht schmeißt ja der eine oder andere beim Vorbeigehen einen Dollar in den einarmigen Banditen? Die Versuchung ist groß. Und was ist schon ein Dollar oder zwei oder zwanzig?

In einem der Casinos in Edmonton ist sogar noch ein Souvenirladen untergebracht, in dem man »Original-Indianersachen« (ich weiß, das ist jetzt politisch wieder total inkorrekt, aber keinesfalls abwertend gemeint!) kaufen kann: Traumfänger, Naturkosmetik, Holzschnitzereien, Mokassins: Alles bekommt man da. Wenn sie einem das Geld schon nicht mit lustigen Automaten aus der Tasche ziehen können, dann hoffentlich mit Touristenstehrümchen. Ferner verfügen alle größeren Casinos über meist sehr gute Hotels, in denen man günstig übernachten kann. Diese wiederum bieten Wellness inklusive Maniküre und Massage für die Zockerehefrauen, damit die sich nicht langweilen und standesgemäß bespaßt werden, während der Ehemann am Pokertisch den Lohn oder die Rente verzockt. Selbstredend sind diese Hotels auch mit Pools ausgestattet, damit der kleine Kevin uns sein Schwesterchen Priscilla auch ihren Spaß haben können. Kurzum: ein Erlebnis für die ganze Familie!

Meine Lieblingserfindung allerdings sind angebaute Konzerthallen. Wenn also selbst kulinarische und sonstige Köder versagen, hat man immer noch ein Ass im Ärmel: Rock- und Pop-Konzerte. Zu meiner ganz persönlichen Freude konnte ich hier so ziemlich alle Rockgrößen der achtziger und neunziger Jahre live erleben. Ach ja, und wer bleibt nicht gerne nach einem guten Konzert noch auf einen Drink an der Bar? Und dann kann man auch gleich noch eine Runde spielen, wenn man eh schon da ist. Eiskaltes Kalkül.

Praxistipp (für Raucher)

Casinos auf dem Grund und Boden der *First Nations* unterliegen nicht – wie bereits oben erwähnt – der kanadischen Gesetzgebung. Anders als im Rest von Kanada darf deshalb in bestimmten Bereichen des Casinos auch bedenkenlos drinnen geraucht werden. Man muss zum Rauchen nicht mehr vor die Tür. Fast wie in den Neunzigern ist das. Möglicherweise ist das auch ein Grund dafür, warum Casinos gerade im Winter immer ziemlich gut besucht sind.

KANADIER HALTEN SICH FÜR WAS BESSERES UND STEHLEN KINDER

19
Menschenrechtsverletzungen

Kommen wir nun zum wahrscheinlich dunkelsten Kapitel der kanadischen Geschichte, den *Residential Schools* und dem sogenannten *Sixties Scoop. Residential Schools* waren von der kanadischen Regierung ins Leben gerufene Schulen, die von der Kirche geleitet wurden und in denen indianische Kinder nach christlichen Werten und den Vorstellungen der »zivilisierten« westlichen Welt erzogen wurden. Dabei wurde ihnen ihre indianische Kultur und Sprache zunächst erbarmungslos ausgetrieben und anschließend komplett verboten. Diese Grausamkeit gipfelte im *Sixties Scoop.* Wie der Name schon sagt, fand dieser *Scoop* in den sechziger Jahren statt. Dabei wurden indianische Kinder und Babys von ihren Familien aus den Reservaten weggenommen (*scoop* heißt wörtlich »abschöpfen«, wobei die Wortwahl hier gleichzeitig Indikator für die große Anzahl ist) und zu kanadischen Familien entweder in Pflege gegeben oder gleich gänzlich zur Adoption freigegeben. Manche Kinder wurden nicht nur innerhalb Kanadas adoptiert, sondern auch nach Europa oder in die Vereinigten Staaten von Amerika verschleppt. Das Unvorstellbare dabei: Die Kinder und Babys wurden ohne Kenntnis, geschweige denn Erlaubnis ihrer Eltern oder ihres Stammes aus ihren Familien herausgerissen und in neuen Familien untergebracht. Gestohlen also. Oder gekidnappt, allerdings ohne Lösegeldforderung. Damit Sie das auch wirklich richtig verstehen: Die Kinder wurden teilweise beim Spielen aus den Gärten ihrer Elternhäuser geklaut, bevor die Eltern aus dem Haus zur Rettung herbeirennen konnten! Was für ein Trauma das bei Eltern und Kindern gleichermaßen ausgelöst haben muss, kann man sich gar nicht wirklich vorstellen. Den Eltern wurde auch nicht gesagt, wohin ihre Kinder gebracht worden waren. Das Ganze geschah unter der Aufsicht und Leitung der Kinderfürsorge, also dem Sozialhilfesystem.

Sobald die Kinder aus ihren Familien entfernt waren, war es ihnen verboten, in ihrer eigenen indianischen Sprache zu sprechen und die jeweiligen Sitten und Gebräuche ihres Stammes auszuüben. Mit verheerendem Resultat. Diese Kinder verloren nicht nur Familie, Sprache und Kultur, sondern sie wurden in ihren Pflege- oder Adoptionsfamilien häufig Opfer von Gewalt und Missbrauch jeglicher Art. Logisch, es gab ja niemanden, der für sie einstand. Eine Eins-a-Menschenrechtsverletzung wie aus dem Lehrbuch. Und alles unter dem Deckmäntelchen einer scheinheiligen christlichen Fürsorge. Das passierte auch nicht in einer weit entfernten Steinzeit oder dem achtzehnten Jahrhundert, wie man meinen möchte. Nein. Es wird geschätzt, dass zwischen 1960 und Ende der achtziger Jahre offiziell mindestens zwanzigtausend Kinder aus ihren indianischen Familien und Stämmen gestohlen wurden. Die Dunkelziffer ist dabei wesentlich größer. Arroganz, Überheblichkeit sowie barbarische Sitten und Gesetze müssen sich normalerweise eher andere Nationen nachsagen lassen und auf ihre Fahne schreiben. Einmalig in der Geschichte haben die Kanadier aber mit dieser Aktion definitiv den Titel in der Kategorie »Menschenrechtsverletzung« geholt. Oder sich zumindest auf dem Treppchen platzieren können. Stolz sind sie aber Gott sei Dank nicht darauf.

Nach Jahrzehnten in fremden Familien suchen Überlebende des *Sixties Scoops* auch heute noch nach ihren Herkunftsfamilien und -stämmen. Das unfassbare psychische und physische Leid, das die

Indigenous dabei erfahren mussten und dessen Konsequenzen sie bis heute mit sich herumtragen, haben die Opfer in Sammelklagen in der Zwischenzeit ausführlich dargelegt. Ob das ihnen angetane Unrecht beziehungsweise der kulturelle Völkermord, um das Kind beim Namen zu nennen, durch die erst Ende 2017 gerichtlich zugesprochene Entschädigung in Höhe von siebenhundertfünfzig Millionen Dollar wiedergutzumachen ist, überlasse ich jetzt mal Ihrem Urteilsvermögen.

Aber

Besser spät als nie hat sich aber doch das Gewissen bei zumindest einigen Provinzen gemeldet. Sie haben folglich die von der kanadischen Regierung begangene menschliche Grausamkeit an den *Indigenous* zugegeben und sich öffentlich dafür entschuldigt. Den Anfang machte dabei die Provinz Manitoba 2015, es folgte die Provinz Alberta im Jahr 2018 und als jüngstes Beispiel die Provinz Saskatchewan Anfang 2019.

KANADIER SIND SO LANGSAM, WEIL SICH KINDER AUF DER FAHRBAHN BEFINDEN

20
Geschwindigkeitsbegrenzung

Das für einen Deutschen gewohnte Straßenbild kann man in Kanada gleich komplett vergessen. Und das aus mehreren Gründen, nämlich nicht nur wegen der Fahrzeuge, auf die ich im nachfolgenden Kapitel näher eingehen werde, sondern vor allen Dingen wegen der Straßenverkehrsteilnehmer. Achtzehnjährige Fahranfänger gibt es hier keine. Achtzehnjährige blicken in Kanada bereits auf mindestens zwei Jahre Fahrpraxis zurück. Hier macht man mit sechzehn beziehungsweise in einer Ausnahmeprovinz (drei Mal dürfen Sie raten, in welcher) sogar schon mit vierzehn Jahren den Führerschein!

Der Überraschungseffekt (oder fast schon Schock) ist groß, wenn man plötzlich neben sich an der Ampel einen Vierzehnjährigen hinter dem Lenkrad entdeckt, der Schwierigkeiten hat, über selbiges hinauszuschauen. Potenziell Herzinfarkt auslösend ist dieses Szenario, falls das Kind – Verzeihung: der Teenager – sich dann auch noch am Steuer eines überdimensionierten, dreihundertfünfzig PS starken Trucks befinden sollte. Zunächst ungläubig und kritisch und anschließend sehr besorgt und verängstigt beobachtet man da ganz genau die Fahrkünste des Verkehrsteilnehmers nebenan. Und einem wird schlagartig bewusst, warum die Geschwindigkeitsbegrenzungen in Kanada so niedrig sind. Meine Theorie ist, dass die erlaubte Höchstgeschwindigkeit von 110 km/h auf den kanadischen Highways vorrangig zum Schutz der am Straßenverkehr teilnehmenden Kinder eingeführt wurde, damit die Kids auch sicher an ihr Ziel kommen. Auf Kinder muss man schließlich Rücksicht nehmen. Erschwerend hinzu kommt für den »Normalfahrer«, dass in Kanada kürzlich Marihuana legalisiert wurde und man nun nie so genau weiß, ob der Fahrer einfach nur jung und unerfahren oder obendrein vielleicht auch noch bekifft ist. Herausfinden kann man das relativ schnell. Wenn das Auto auffallend langsam fährt, ist die Wahrscheinlichkeit groß, dass der Fahrer was geraucht hat. Fährt es hingegen rasant an der Ampel an, macht viel Lärm und nimmt riskante Spurwechsel vor, ist es höchstwahrscheinlich »nur« ein Teenager mit Testosteron- und Lebensfreudeüberschuss.

Praxistipp

An dieser Stelle noch kurz eine Warnung für alle deutschen Autofahrer: In Kanada sind die Verkehrsampeln **hinter** der Kreuzung angebracht und nicht unmittelbar davor wie in Deutschland. Also bitte nicht bis kurz vor die Ampel fahren und halten, denn dann stehen Sie schon mitten in der Kreuzung und haben schlimmstenfalls auch schon einen Unfall verursacht! Das Anbringen der Ampeln hinter der Kreuzung hat einen ganz wesentlichen Vorteil: Die Reaktionszeit, wenn die Ampel von Grün auf Gelb auf Rot springt, ist dadurch wesentlich verlängert, und auch das entstresst den kanadischen Verkehrsteilnehmer, weil er nicht im letzten Moment eine Vollbremsung hinlegen muss. Ich glaube aber, dass kanadische Bequemlichkeit mal wieder Ursprung dieser Erfindung war. Es ist nämlich durchaus angenehm für einen verspannten Nacken, wenn man an der Haltelinie steht und den Hals nicht unnatürlich schief legen und bis zum Anschlag in den Nacken legen muss, um zu sehen, wann die Ampel wieder umschaltet.

So oder so empfiehlt es sich dringend, sein gesamtes Umfeld immer gut im Auge zu behalten. Es passiert hier nämlich selbst den besten und erfahrensten

Autofahrern, dass sie von unaufmerksamen Verkehrsteilnehmern einfach mal gerammt werden. Ich spreche da tatsächlich aus eigener Erfahrung. *Distracted driving* nennt man das, wenn der Fahrer abgelenkt ist und alles andere macht, als auf den Verkehr zu achten. Während des Fahrens SMS zu schreiben und Hamburger zu essen sind nur zwei sehr beliebte Möglichkeiten, den langweiligen Straßenverkehr etwas spannender zu gestalten. Man sieht auch durchaus Fahrer, die in einer Hand einen Hamburger halten und in der anderen eine Zigarette, während sie am Handy telefonieren. »Und wer fährt?«, ist eine alles andere als unberechtigte Frage. Die Strafen sind inzwischen aber (zu Recht) sehr saftig, wenn man dabei erwischt wird.

Gut zu wissen

Alberta ist die einzige Provinz in Kanada, in der man tatsächlich schon im Alter von vierzehn (!) Jahren Auto fahren darf. Das ist mit einer sogenannten *learner's licence* möglich, was bedeutet, dass ein Erwachsener, der im Besitz einer unbeschränkt gültigen Fahrerlaubnis ist, auf dem Beifahrersitz mitfahren muss. Nach zwei Jahren, also mit sechzehn, kann man dann den unbeschränkt gültigen Führerschein machen. Das bedeutet, man wird fortan allein auf die Menschheit beziehungsweise den Straßenverkehr losgelassen.

KANADISCHE KLAPPERKISTEN AUSSER KONTROLLE

21

Verkehrssicherheit

Wenn wir schon beim Thema Straßenverkehr und Verkehrsteilnehmer sind, dann sollten wir uns direkt den abenteuerlichen Gefährten widmen, die das Straßenbild nicht nur prägen, sondern geradezu verunglimpfen. Für die Verkehrssicherheit ist der Kanadier selbst verantwortlich und nicht irgendeine übergeordnete Behörde. Es gibt keinen TÜV in Kanada. So was braucht doch kein Mensch! »Hurra!« mag man da als Deutscher versucht sein zu äußern, aber nur als ersten Impuls. Ich weiß zumindest nicht, ob ich mich diesem Jubel anschließen soll, denn dementsprechend sehen die Fahrzeuge natürlich auch aus. Wenn bei diesen »Schrottschüsseln auf Rädern« nichts sicher ist, eins ist auf jeden Fall ganz sicher: Zur Erheiterung tragen sie definitiv bei. Von nicht vorhandenen Seitenscheiben, die ganz pragmatisch einfach durch angeklebte Plastikfolie ersetzt werden, über am Dach angebrachte Ofenrohre als Auspuff bis hin zu mit silbernem Klebeband befestigten Stoßstangen und durchgerosteten Radkästen sieht man jede Menge abenteuerlich zusammengeflickte Klapperkisten, mit denen man sich die Fahrbahn teilt. Dieses silberne Klebeband ist übrigens ein Allrounder – auch Seitenspiegel, Auspuff oder ganze Karosserieteile können damit fixiert werden. Wenn man die Autoteile nicht zufriedenstellend wieder ankleben kann, lässt man sie notfalls einfach weg, so sieht man dann auch Autos ohne Motorhaube rumfahren. Stören tut sich an diesen fahrenden Schrottplatzwracks aber keiner. Auch nicht die Polizei. Wenn die notdürftig angeklebte Lampe noch ordnungsgemäß blinkt, ist alles gut. Doch es verwundert kaum, dass immer wieder Fahrzeugteile auf den Straßen liegen, die die Autofahrer während der Fahrt einfach verloren haben. Das Silberklebeband hält halt nicht ewig.

Dann wäre da noch die Sache mit den gesprungenen oder von Steinschlag marmorierten Windschutzscheiben. Besonders in Alberta ist das ein sehr gängiges Bild auf den Straßen. Eine Windschutzscheibe, die mit Löchern übersät oder von Rissen – gerne auch mal quer über die gesamte Scheibe – durchzogen ist, sieht man so selten wie von Bäumen herabfallende Blätter im Herbst. Die Tatsache, dass es bei einem Steinschlagreparaturservice Zehnerkarten zu kaufen gibt, spricht Bände. Woher das kommt? Hauptsächlich vom Streuen im Winter. Hier wird bei Schnee und Eis neben Salz vorrangig Sand und Dreck gestreut, man ist ja schließlich umweltfreundlich. Leider mischen sich dabei oft auch etwas größere Steinchen drunter. Wenn der Schnee dann im Frühjahr taut und nur noch die Steinchen liegenbleiben, sind Steinschläge an der Tagesordnung. Viel schlimmer als der eigentliche Sachschaden ist aber der Schreck, den man bekommt, wenn die Steine bei voller Fahrt auf die Scheibe geschleudert werden. Das hört sich nämlich so an, als würde auf einen geschossen. Wenn man dann noch das Pech hat, dass zum Beispiel beim Überholvorgang die Seitenscheibe von einem solchen Steinchen im richtigen Winkel getroffen wird, ist es leider unvermeidbar, dass diese komplett zerspringt. Das kann ich aus eigener Erfahrung bestätigen. Da kann man bei minus zwanzig Grad nur hoffen, dass der Weg bis nach Hause in die Garage nicht all zu weit ist so ohne Seitenfenster. Wenn sich der Schaden dagegen auf die Windschutzscheibe beschränkt, wartet der tiefenentspannte Kanadier aber gelassen ab, bis sich mehrere Risse und Löcher breitgemacht haben, und lässt alle auf einmal reparieren oder ersetzt die Scheibe komplett durch eine Neue, damit sich der Aufwand auch lohnt. So teuer ist das ja auch gar nicht.

Außerdem muss man wissen, dass so ein Steinschlag in der Windschutzscheibe – und dabei gilt: je größer, desto besser – so etwas wie eine Auszeichnung ist und man ohne einen solchen in Alberta gar kein »echter« Autofahrer ist.

Praxistipp

Eine weitere Gefahr auf kanadischen Straßen stellen Schlaglöcher dar. In Alberta sind die nach den harten Wintermonaten ein nicht zu vernachlässigendes Problem. Der Dauerfrost lässt den Asphalt aufspringen und reißt zum Teil riesige Löcher in die Straßenoberfläche. Die Stadt Edmonton in Alberta hat hier einen ganz besonderen Service für ihre Bürger eingerichtet. Wenn ein Auto nachweislich durch ein nicht repariertes Schlagloch beschädigt wurde, kann man eine Schadenanzeige bei der Stadt Edmonton stellen. Die Stadt überprüft, ob sie nach dem Gesetz der Provinz Alberta verantwortlich für den Schaden ist, und übernimmt im positiven Fall die Reparaturkosten. Das nenne ich mal Bürgerservice!

IN KANADA HAT MAN EIN HERZ FÜR AUTODIEBE

22
Idling

Ein besonders in der Prärie und in anderen frostigeren Provinzen (also überall außer im südlichen Teil British Columbias) weitverbreitetes Phänomen ist das Warmlaufenlassen der Autos und Trucks, oder *idling*, wie der Kanadier dies nennt. Gleichzeitig ist das meine ganz persönliche Lieblingsunsitte in Kanada, die mich zuverlässig innerhalb kürzester Zeit auf die Palme bringt und an die ich mich auch nach über zehn Jahren nicht gewöhnt habe (und aller Voraussicht nach wird das in den nächsten zehn Jahren beziehungsweise in diesem Leben auch nichts mehr werden).

In den meisten Provinzen gibt es Vorschriften, wie lange man sein Auto warmlaufen lassen darf, aber die meisten Leute ignorieren das großzügig, sofern sie überhaupt wissen, dass eine solche Vorschrift existiert. Alberta ist eine von den Ignorier-Provinzen und zeichnet sich durch einen Mangel an Obrigkeitshörigen (wie man rücksichtsvolle Bürger in Deutschland heutzutage ja gerne tituliert) aus. Wobei es sicherlich auch hier ordnungsliebende Bürger gibt, die sich brav an die Vorschriften halten und kein Interesse daran haben, ihre lieben Mitmenschen und Nachbarn zu quälen. Leider wohnen die nicht in meiner Nachbarschaft, sondern anderswo. Hier ist es im Winter an der Tagesordnung, dass jemand morgens um eins, dann um halb drei und noch mal um fünf seinen Diesel-Truck, den er vorzugsweise unter dem Schlafzimmerfenster seines Nachbarn geparkt hat, gerne mal eine halbe Stunde oder noch länger warmlaufen lässt. Da startet der Tag gleich mit dem richtigen Bein, wenn die Nachtruhe mehrfach unterbrochen wurde und man von einem penetranten tiefen Motorbrummen ein oder zwei Stunden vor dem Wecker endgültig geweckt wird. In den meisten Fällen werden schon den ganzen Abend hindurch in zweistündigen Abständen Probeläufe durchgeführt, um sicherzugehen – bevor man sich schlafen legt –, dass das Gefährt auch sicher anspringt am nächsten Morgen. Dazu gibt es ja noch die wunderbare Erfindung des *remote starters,* einer praktischen Fernbedienung fürs Auto. Ganz zeitgemäß geht das auch per App, damit man von überall auf der Welt mit dem Smartphone sein Auto starten und die Nachbarn nerven kann – ja, auch wenn man im Urlaub in Arizona ist. Der *remote starter* gehört bei den neueren Automodellen automatisch zum Lieferumfang dazu. Es hat einfach was, wenn man per Knopfdruck vom Schlafzimmerfenster aus sein Auto starten kann. Sehr komfortabel. Und wie viel Wert der Kanadier auf Komfort legt, kann gar nicht oft genug betont werden.Von der Lärmbelästigung und Umweltverpestung durch das ganze CO_2, das dabei sinnlos in die Luft geblasen wird, mal ganz abgesehen, lockt dieses Verhalten auch Kriminelle an. Denn wenn man noch ein älteres Fahrzeug hat, das nicht mit einem *remote starter* ausgerüstet ist, muss man das Auto am Morgen manuell starten und dann mit dem Schlüssel im Zündschloss stehen lassen. Bei unverschlossenen Türen natürlich. Besser kann man es nicht auf dem Silbertablett servieren – ein Fest für jeden Autodieb!

Wenn man aber mal ernsthaft nachfragt, warum die Kanadier ihre Autos im Zweieinhalb-Stunden-Takt die Nacht hindurch starten und warmlaufen lassen, kommen meist nur fadenscheinige Ausflüchte wie zum Beispiel, dass das Öl bei unter minus zwanzig Grad auch flüssig bleiben soll, damit der Motor beim Starten am Morgen nicht kaputt geht. Jeder Automеchaniker wird Ihnen erklären, dass das beim heutigen Stand der Technik überhaupt nicht mehr erforderlich und sogar eher schlecht für den Motor ist. Das Warmlaufenlassen ist schlicht ein Relikt aus früheren Zeiten, in denen die Autos technisch noch nicht so weit fortgeschritten waren und man insbesondere Diesel-Fahrzeuge eine Weile vor dem Losfahren schon mal vorheizen musste. Davon ganz abgesehen, erfüllt der *block heater* bereits die Öl-Warmhalte-Funktion ganz hervorragend. Der eigentliche Grund für das Warmlaufenlassen ist, wie ich glaube, der hohe Verweichlichungsgrad der Kanadier. Kälte kann man als Erwachsener tolerieren, muss man aber nicht. Der Durchschnittskanadier wählt ja sowieso fast immer die Wohlfühlvariante, also lieber warm als kalt. Wenn dann aber noch Kinder mit ins Spiel kommen, gibt es keine andere, kühlere Option mehr. Der Fahrzeuginnenraum **muss** einfach schon kuschelig warm sein, wenn Kevin und Priscilla einsteigen und zur Schule gefahren werden. Nicht dass sie sich erkälten, die lieben Kleinen.

Gut zu wissen

Kanadische Autos werden im Winter in die Steckdose gesteckt. Lustig sieht das aus, denn da führt ein langes Kabel vom Motorraum durch den Kühlergrill nach außen und wird dann in eine Steckdose eingestöpselt. Alles, was man dafür braucht, ist ein *block heater*. Man kann sich das in etwa so vorstellen wie einen Durchlauferhitzer. Den steckt man in die Steckdose, und dann erwärmt er das Wasser. Nach demselben Prinzip funktioniert der *block heater*. Er erwärmt die Flüssigkeiten im Motorraum, damit der Motor bei extremer Kälte leichter anspringt und das Auto ruhiger läuft. Bei minus zwanzig Grad und darunter ist das extrem wichtig! In öffentlichen Parkhäusern und an manchen Parkplätzen haben Sie vielleicht schon einmal solche Steckdosen gesehen – genau dafür sind die vorgesehen. Nicht für Elektroautos, wie man zunächst vielleicht annehmen könnte. Je nach Witterung wird der Strom im Stundentakt oder alle halbe Stunde für mindestens zehn Minuten angeschaltet. Berechnet wird dem Parkenden der Stromverbrauch (bislang zumindest) übrigens nicht!

WIE DIE KANADISCHE POLIZEI VERSICHERUNGEN REICHER MACHT

23

Verkehrssünder

Als Verkehrsteilnehmer muss man in Kanada immer auf der Hut sein. Die Polizei oder RCMP (Royal Canadian Mounted Police – das sind die auf den Pferden mit den roten Militärjacken, weiten Pluderhosen und braunen Krempenhüten) hat meist nichts Besseres zu tun, als harmlose Bürger zu belästigen. Dazu muss man sagen, dass die RCMP mittlerweile modern geworden ist und Verbrecher nicht mehr hoch zu Ross, sondern mit ordentlich PS unter der Haube verfolgt. Dabei genießen die RCMP, Polizei, Feuerwehr und Sanitäter, also allgemein alle Rettungskräfte, in Kanada größten Respekt. Aber zurück zum Wesentlichen: Die schlimmsten Wegelagerer sind die Polizisten und RCMP, die hinter jedem Busch und Strauch mit ihren Laserpistolen stehen und nur darauf warten, dass man einen Kilometer pro Stunde zu schnell fährt. Oder sie lauern im Straßengraben am Highway jeglicher Art von Verkehrssündern auf – Dränglern, Telefonierern oder anderweitig abgelenkten Fahrern. Ich habe bereits in einem anderen Kapitel erwähnt, dass es tatsächlich Verkehrsteilnehmer gibt, die gleichzeitig einen Hamburger essen, dazu etwas trinken und telefonieren, während sie fahren. Wenn die Polizei einen solchen Verkehrssünder erspäht hat, taucht sie plötzlich wie aus dem Nichts hinter ihm auf und erschreckt ihn mit halsbrecherischen Fahrmanövern, lauten Sirenen und hektisch blinkenden Lichtern zu Tode. Nicht schön ist das. Wenn aber der vierzehnjährige Kevin mit seinem Monstertruck fast auf der Stoßstange des ihm vorausfahrenden Verkehrsteilnehmers sitzt, ist weit und breit kein *officer* zu sehen. Typisch.

Wenn man in Kanada mit überhöhter Geschwindigkeit geblitzt wird, wird es teuer. Richtig teuer. Und das Allerschlimmste: *Speeding tickets* (also Strafzettel für zu schnelles Fahren) werden der Versicherung gemeldet, die folglich ebenfalls teurer wird. Nicht gleich beim ersten *ticket*, aber sobald ein paar zusammenkommen, wird man hochgestuft. In der Regel zahlt man so um die 100 Dollar für eine Überschreitung von nur 5 km/h. Bei 20 km/h zu schnell sind es dann schon satte 180 Dollar. Je nach Provinz kann es auch teurer oder billiger werden. So etwas wie Messtoleranz gibt es bei den Kanadiern nicht. Die Geschwindigkeit, die der *police* oder *peace officer* gemessen hat, ist korrekt und wird auch vollständig »berechnet«. Ende der Debatte. Aus. Basta.

Gut zu wissen

Distracted driving tickets (das sind die Strafzettel, die man bekommt, wenn man beim Telefonieren oder SMS-Schreiben oder Essen am Steuer erwischt wird) kosten derzeit in Alberta stolze 300 Dollar und 3 Punkte! Bei besonders gefährlicher Fahrweise können es bis zu 402 Dollar und 6 Punkten werden. Das ist aber noch günstig im Vergleich zu anderen Provinzen. So zahlte man beispielsweise in der Nachbarprovinz Saskatchewan bis vor Kurzem zwar ebenfalls noch 280 Dollar, die Strafe wurde aber auf 580 Dollar erhöht. Es kommt noch besser: Wenn man das zweite Mal innerhalb eines Jahres erwischt wird, kostet es dann 1.400 Dollar. Da überlegt man sich schon, ob man es riskiert, das Handy beim Fahren mal kurz in die Hand zu nehmen.

Man hat allerdings immer noch die Möglichkeit, sein *ticket* vor Gericht anzufechten und einen Richter entscheiden zu lassen, ob es gerechtfertigt ist oder nicht. Aber wer macht das schon, außer den Leuten, die kurz davor sind, ihren Führerschein abgenommen zu bekommen?

Übrigens

In der Vorweihnachtszeit hat sich eine Stadt in Alberta etwas ganz Besonderes ausgedacht. Man kann Strafzettel für falsches Parken mit Spielzeug bezahlen. *Toys for Tickets* nennt sich das. Anstatt der üblichen 80 Dollar Strafe, kann man ein neues, original verpacktes Spielzeug im Wert von mindestens fünfundzwanzig Dollar bei der Stadt abgeben. Im Jahr 2018 kamen so Spielsachen im Wert von 4.000 Dollar zusammen, die an bedürftige Kinder und Familien verteilt wurden. Und warum machen die so was? »Um Freude und Liebe zu verbreiten«, so ein Sprecher der Stadt.

KANADISCHE FEUERWEHRLEUTE STEIGEN NICHT NUR AUFS DACH, SONDERN CAMPEN DA AUCH REGELMÄSSIG

24 *Firefighters*

Feuerwehrleute in Kanada genießen genau wie in den Vereinigten Staaten von Amerika einen besonders guten Ruf und haben fast so etwas wie Kultstatus erreicht. Man hat nicht nur den nötigen Respekt vor ihnen, sondern sie werden geradezu verehrt und regelmäßig auch als Helden gefeiert. Daran sind sicherlich die Berichte über aus Bäumen gerettete Kätzchen nicht ganz unschuldig. Sofern dazu noch Zeit bleibt, denn bei den zusätzlich zu normalen Hausbränden mehrfach im Jahr wütenden Buschfeuern und Waldbränden sind die *firefighters* nämlich quasi im Dauereinsatz. Und eins kann ich Ihnen dabei versichern: Ein kanadischer Wald, der brennt, brennt erst mal. Das Feuer bedroht nicht nur naheliegende Städte, sondern ist aufgrund seiner Dimensionen nicht in ein paar Stunden gelöscht. Vielleicht haben Sie ja von den verheerenden Bränden in der Provinz Alberta in Fort McMurray im Mai 2016 gehört, bei denen 80.000 Menschen evakuiert werden mussten. Es dauerte Monate, bis das Inferno unter Kontrolle war und die Brände endgültig gelöscht werden konnten.

Harte Fakten

So glamourös der Job eines *firefighters* auch anmuten mag, bleibt es eine traurige Tatsache, dass Feuerwehrleute ein erhöhtes Risiko haben, an Krebs zu erkranken. In einer kanadischen Studie von 2018 wurde festgestellt, dass Krebs mit 86 Prozent die häufigste Todesursache bei den Feuerwehrleuten ist. Rauchgase und darin freigesetzte krebserregende Substanzen sind dafür verantwortlich.

Aber nicht nur bei Feuer kommt die Feuerwehr zum Einsatz, sondern auch bei Unfällen jeglicher Art und tatsächlich auch, wie oben bereits erwähnt, wenn die verhaltensgestörte Nachbarskatze im Baum sitzt und nicht mehr runterkommt. Mit einer Engelsgeduld und liebevoller Hingabe wird die dann sanft aus dem Baum gelockt und erforderlichenfalls auch mit der Feuerleiter persönlich vom Kommandanten vom Baum gepflückt. Tatsächlich werden Berichte solcher Art auch ausgiebig im Fernsehen gezeigt, was natürlich beträchtlich zur Beliebtheit der Feuerwehr beiträgt. Feuerwehrleute in Kanada sind bekannt für ihre Selbstlosigkeit und Großherzigkeit, das macht sie so faszinierend.

Und als würde man sie nicht schon genug bewundern und feiern, müssen sie sich in manchen Fällen auch noch als barmherzige Samariter in Szene setzen. So steigen Feuerwehrleute in einigen Städten in Alberta im Winter bei den eisigsten Minustemperaturen (meist um die minus zwanzig Grad und auch darunter!) auf das Dach ihres jeweiligen Feuerwehrhauses und campen dort einige Tage in einem dünnen Zelt. Tag und Nacht, um Spenden zu sammeln. Das Ganze wird von den lokalen Medien mit nahezu täglicher Berichterstattung begleitet. Bei den Live-Interviews auf dem Dach in Eiseskälte bekommt man den Eindruck, dass die Feuerwehrmänner und -frauen zu allem Überfluss auch noch Spaß haben und gut gelaunt sind. So viel Nächstenliebe kann man kaum ertragen. Diese Spendenaufrufe und Aktionen kann man durch die allgegenwärtige Berichterstattung auch gar nicht verpassen, und man kommt auch selbst nicht umhin, sein Scherflein beizutragen. Man würde sich sonst wirklich schlecht fühlen. Das haben sie ja wieder geschickt eingefädelt mit den sympathischen Helden und dem schlechten Gewissen.

Übrigens

Als ich gerade dieses Kapitel korrekturlesen will, kommt doch tatsächlich im Fernsehen folgender Beitrag in den Nachrichten: Die Feuerwehr in Edmonton hat mal wieder nichts Besseres zu tun, als sich bei minus 21 Grad auf ihr Dach zu setzen und tagelang zu campen. Einem Feuerwehrmann war das aber offensichtlich nicht kalt genug. Folglich hat er sich nur mit Badehose bekleidet 2 Stunden und 20 Minuten in einen Plastikbehälter gestellt, der bis zur Brust mit Eiswürfeln gefüllt war. Nur die Arme und der Kopf schauten raus. Alles unter Aufsicht natürlich, damit man notfalls eingreifen kann. Selbstredend war auch diese Aktion wieder für einen guten Zweck. Damit hat er heute inoffiziell den Weltrekord im Eisbaden gebrochen. Der vorherige Rekord lag bei 2 Stunden und 8 Minuten. Ganz schön bekloppt. Wie man das aushalten kann, ist mir ein Rätsel. Allein beim Anblick habe ich direkt gefroren. Da haben sie sich doch wieder mal selbst übertroffen, unsere Feuerwehrhelden.

PS: Dieser Rekord wurde im September 2020 von einem Österreicher gebrochen, der in der Pandemie (aus Langeweile, wie ich vermute) auf die haarsträubende Idee kam, sich sage und schreibe zweieinhalb Stunden in ein solches Eiswürfelbad zu stellen! Ich bin gespannt, wie lange es dauert, bis sich die Kanadier diesen Titel wieder zurückholen, denn Langeweile in der Pandemie herrscht auch hier.

DER KANADISCHE HAUSARZT KOMMT AUS ÄGYPTEN, UND SEIN HOBBY IST OPERIEREN

25
Gesundheitswesen

In Kanada hat man, ähnlich wie in Deutschland, eine sehr zentrale Figur im Gesundheitswesen: den Hausarzt oder *family physician,* wie man ihn hier nennt. Da auch in Kanada händeringend Ärzte gesucht werden und das Land nach wie vor ein Einwanderungsland ist, kommen die Hausärzte aus allen Ecken dieser wunderschönen Welt. Nun sind die Kanadier aber sehr stur und auch ein kleines bisschen eingebildet – oder sollte ich etwas vorsichtiger sagen »sehr eigen«? –, und so darf ein ausländischer Facharzt, der sich in Kanada niederlassen möchte, nicht einfach in seiner unter Umständen bereits jahre- oder jahrzehntelang ausgeübten Fachdisziplin arbeiten. Wo kämen wir denn da hin? Da könnte ja jeder kommen. Folglich ist es keine Seltenheit, dass spezialisierte Fachärzte aus anderen Ländern in Kanada als Hausärzte arbeiten. Ein ägyptischer Chirurg darf dann, wenn er Glück hat, kleinere Operationen, bei denen keine Vollnarkose erforderlich ist, quasi als Hobby im Rahmen seiner Tätigkeit als Hausarzt ausüben. Da hüpft das Herz des zum Feld-, Wald-, Wiesenarzt verurteilten Chirurgen, wenn er mit Skalpell und Mundschutz bewaffnet sehr vergnügt mal endlich wieder seine erlernte Kunst unter Beweis stellen und munter drauf los schnippeln darf. In diesem Fall spreche ich tatsächlich aus eigener Erfahrung.

Gut zu wissen

Mit so unwürdigen Dingen wie Blutabnehmen oder Ultraschalluntersuchungen und EKG gibt sich der gnadenlos überqualifizierte Hausarzt aber gar nicht ab. Dafür wird man zu einem separaten Labor geschickt, in dem solche Tests durchgeführt werden. Das medizinische Fachpersonal dort darf aber keine Auskunft geben über die Ergebnisse der Untersuchungen. Die Untersuchung an sich ist nicht wirklich schlimm oder unangenehm, eher das betretene Schweigen dabei. Also macht man erneut einen Termin beim Hausarzt, der hoffentlich in nicht allzu ferner Zukunft liegt, um dann von ihm die Ergebnisse mitgeteilt zu bekommen. Komplizierter geht es wirklich nicht. Und die nervliche Anspannung, der man durch das Warten auf Ergebnisse ausgesetzt wird, ist alles andere als gut für die Gesundheit. Ob sich darüber mal jemand an entsprechender Stelle Gedanken gemacht hat? Eher nicht.

Hartnäckig kursieren immer noch die wildesten Gerüchte über die angeblich unterirdische Versorgung in Kanada. Nicht selten hört man Aussagen wie: »Man findet keinen Arzt, oder man muss Tausende von Dollar bezahlen, wenn man einen Arzt sehen will, und verschuldet sich ruck, zuck bis über die Ohren. Wenn man einen Unfall hat und seine Krankenkarte nicht vorzeigen kann, wird man in der Notaufnahme im Krankenhaus nicht aufgenommen. Für Operationen muss man die Rentenkasse leeren und rutscht dann in die Altersarmut« und so weiter und so fort. Horror, Grauen, Entsetzen, Panik – da bekomme ich schon allein vom Lesen Palpitationen! Alles Quatsch! Man darf auch bei diesem Thema Kanada nicht mit den Vereinigten Staaten von Amerika verwechseln. Das sind zwei Paar Schuhe, und zwar ganz unterschiedliche. In Kanada gibt es ein *universal health care system*, das heißt, dass alle Bürger medizinische Versorgung kostenfrei in Anspruch nehmen können, sobald sie bei der Krankenversicherung angemeldet sind. Finanziert wird das durch Steuereinnahmen. In einigen Provinzen gibt es allerdings eine Wartezeit von bis zu drei Monaten, bis man krankenversichert ist. Für diese Wartezeit empfiehlt es sich, eine private Krankenversicherung abzuschließen. Eine solche private Versicherung, die die in der »normalen« Krankenversicherung nicht beinhalteten Leistungen wie Zahnbehandlungen und Medikamente abdeckt, ist generell eine gute Idee. In den meisten Fällen wird diese Zusatzversicherung durch den Arbeitgeber übernommen, und der Ehepartner ist dann direkt mitversichert. Man kann sich aber auch relativ günstig selbst zusatzversichern, wenn man keiner Erwerbstätigkeit nachgeht. Schon für gut 100 Dollar bekommt man eine Krankenversicherung, die neben den üblichen Sonderleistungen auch noch Massage- und Chiropraktikerkosten abdeckt und sogar eine kleine Lebensversicherung beinhaltet. Ich möchte hier aber nicht zu sehr ins Detail gehen, weil jede Provinz wiederum ihre eigenen Regelungen und Vorschriften hat und ich Sie nur ungern mit dem ganzen Bürokratiewahngelaber zu Tode langweilen möchte.

KANADIER WERDEN BEIM ZAHNARZT MASSIERT

26

Zahnpflege

Kanadier werden nicht nur als Kunden sehr verhätschelt und vertätschelt (siehe Kapitel 48, S. 211), sondern auch als Patienten. Das gilt nicht nur für Physiotherapie- und Massagepraxen, wo die Liegen beispielsweise mit vorgewärmten Laken aus Seide bezogen sind, sondern insbesondere auch für Zahnarztpraxen. Der Ruf der kanadischen Zahnärzte eilt ihnen weit voraus. Dabei darf man sich aber nicht an kanadischen Eishockeyspielern mit ihren grausig anzuschauenden Zahnlücken orientieren – das hat nicht der Zahnarzt verpfuscht, sondern die Zähne wurden im Spiel vom Gegner ausgeschlagen. Und das ist auch kein Schönheitsfehler, sondern Zeichen echter Männlichkeit. Aber ich schweife schon wieder ab, also zurück zum Thema. Es heißt, dass es in Kanada die besten Zahnärzte der Welt gibt. Top ausgebildet und mit der neuesten und ausgetüfteltsten Technik ausgestattet. Na, das wollen wir doch erst mal sehen und etwas genauer unter die Lupe nehmen, insbesondere da mein Zahnarzt in Deutschland ja schon der Allerbeste war.

Auffällig und sehr verwunderlich ist zunächst einmal, dass kanadische Kinder sehr gerne zum Zahnarzt gehen. Erwachsene seltsamerweise auch. Gibt's ja gar nicht, möchte man meinen. Doch. Und das wird verständlich, sobald man eine kanadische Zahnarztpraxis betritt. Bereits im Warteraum gibt es einen Spielbereich für Kinder mit allen möglichen und unmöglichen Spielsachen und natürlich auch mit Riesenfernseher, auf dem Disney-Filme laufen. Für die erwachsenen Patienten gibt es Massagestühle. Da kann man sich schon vor dem Termin eine kleine Entspannungsmassage gönnen. Wenn sich die Wartezeit unvorhergesehenerweise verlängern sollte, weil die Behandlung eines anderen Patienten länger dauert als gedacht, ist man aber gar nicht böse. Warum auch? Die Massage dauert dann eben etwas länger.

Wenn man dann an der Reihe ist und auf den Zahnarztstuhl gesetzt wird, ist auch dieser mit Massagefunktion ausgestattet, die bei Bedarf zugeschaltet werden kann, falls man noch nicht genug entspannt und durchgeknetet sein sollte. Sobald der Stuhl umgelegt wird, sieht man an der Decke angebrachte Bildschirme. Da kann man fernsehen mit Untertiteln, während der Zahnarzt das Kariesloch repariert und mit einer Füllung versieht. Auch röntgen kann der Zahnarzt direkt auf dem Stuhl. Da muss der Patient nicht mehr lange mit angelegter Bleischürze in einem Extraraum ausharren, bis das Röntgenbild angefertigt ist. Und um sicherzustellen, dass jegliche Prozedur auch tatsächlich super angenehm ist und beim Patienten keinerlei unnötigen Stress verursacht, gibt der Zahnarzt selbst beim klitzekleinsten Eingriff eine Betäubung. Und was für eine! Wahrscheinlich könnte man damit sogar einen ausgewachsenen Moose außer Gefecht setzen. Zugegeben, das mag etwas übertrieben sein, aber man kann sich das gar nicht vorstellen, wenn man es nicht selbst erlebt hat. Da wird für ein kleines Loch der halbe Kiefer lahmgelegt. Spüren tut man so überhaupt gar nichts mehr. Kein Wunder, dass dann alle so gut gelaunt sind und sich auf den Zahnarztbesuch freuen – da wird der sonst so gefürchtete Gang zum Zahnarzt zum reinsten Spaziergang. Übrigens bekommen nicht nur Kinder, sondern auch Erwachsene immer ein Geschenk zum Behandlungsende: Man darf sich eine schöne neue Zahnbürste aussuchen und so viele Zahnpastapröbchen, wie man möchte. Und manchmal gibt es auch noch gratis Zahnseide dazu.

Gut zu wissen

Wie in Deutschland auch, geht man in Kanada mindestens einmal jährlich zur Kontrolle beim Zahnarzt. Zu diesem Kontrolltermin gehört immer auch noch eine professionelle Zahnreinigung, und die dauert ewig (tatsächlich schon mal eine ganze Stunde oder länger), weil sie super gründlich ist. Eine echte Herausforderung, so lange den Mund aufhalten zu müssen. Das Ganze muss man noch vor der eigentlichen zahnärztlichen Untersuchung über sich ergehen lassen. Das erledigt dann aber auch nicht der Zahnarzt, sondern eine eigens hierfür ausgebildete Kraft, ein(e) sogenannte(r) *dental hygienist*. In Kanada ist das ein anerkannter Beruf und wird ausschließlich von Menschen ausgeübt, die mit einer Extraportion Geduld und Kniefieseligkeit ausgestattet sind, denn pro Zahn wird mindestens zwei Minuten geschmirgelt, geputzt und poliert – bei normalerweise 28 Zähnen (25–27 bei Eishockeyspielern) ist das dann wirklich eine Geduldsprobe, und das nicht nur für die oder den *dental hygienist*.

ÜBER KANADISCHEN GESCHMACK LÄSST SICH GANZ SICHER NICHT STREITEN, ODER?

27

Esskultur

Die kanadische Esskultur ist anders als die Deutsche. Ganz anders. Wobei die beiden Wörter *Essen* und *Kultur* im gleichen Satz über Kanada eigentlich überhaupt nicht vorkommen dürften. Dabei gibt es so leckere und frische Lebensmittel, sogar Bio-Ware kennt man und kann man im Supermarkt kaufen. Wenn man will. Irgendwie scheint das dem Kanadier aber suspekt zu sein und wahrscheinlich irgendwie zu gesund. Deshalb greift er gern zu künstlich hergestellten Lebensmitteln, insbesondere Tiefkühlware. Diese künstlichen Gerichte sind auch viel leckerer, und man muss nicht so lange kochen und würzen.

Übrigens

KD (oder: *Kraft dinner*) ist das am häufigsten verkaufte Lebensmittel in ganz Kanada. Wenn man das überhaupt Lebensmittel nennen kann. Falls Sie es nicht kennen sollten: Es handelt sich hierbei um italienische Makkaroni mit einer Käsesoße, die aus einem Pulver angerührt wird und künstlicher nicht sein könnte. Allein die Farbe! Ein sattes Orange, das wahrscheinlich im Dunkeln leuchtet (ich hab den Leuchttest allerdings noch nicht ausprobiert). Schmeckt sehr lecker, aber man könnte auch einen Pappkarton essen und hätte wahrscheinlich genauso viele Nährstoffe und Vitamine zu sich genommen. Gesundheitsbewusst geht anders.

Für den Fall, dass man keine Zeit oder Lust zum Kochen hat, gibt es die beste Erfindung aller Zeiten: Fast-Food-Restaurants. Während man deutsches Fast Food traditionell in Form von Leberkäsbrötchen, Currywurst und sonstigen Wurstspezialitäten zu sich nimmt, hat man auf dem nord-amerikanischen Kontinent die Qual der Wahl. Die Popularität der entsprechenden Ketten ist unfassbar groß. Um nur mal einen groben Überblick und ersten Eindruck über die Fast-Food-Restaurants zu geben, nachfolgend eine einfache Auflistung. Allein in meinem Wohnort und im Umkreis von weniger als zehn Kilometern gibt es mindestens einen Vertreter folgender Ketten an nahezu jeder Ecke: A&W, McDonald's, KFC, Tim Hortons, Taco Bell, Burger King, Subway, Wendy's, Little Caesars, Pizza Hut, Carl's Jr., Fatburger, Harvey's, Dairy Queen, Swiss Chalet etc. Mehrfach in jedem Ort an sämtlichen Hauptstraßen und direkt neben den Highways sind sie aneinandergereiht. Wie bei einem Schaufensterbummel fährt man daran vorbei und wählt aus, nach welchem magenverderbenden, nährstofflosen Essen einem gerade ist. Selbstredend haben alle auch einen *drive through* (oder *drive-thru*, wie es orthografisch inkorrekt in Nord-Amerika geschrieben wird), damit man zur Nahrungsaufnahme gar nicht erst aussteigen muss, sondern bequem das Essen ins Autofenster reingereicht bekommt.

Die neueste Erfindung und Krönung der Fast-Food-Kultur ist SkipTheDishes. Das ist ein Lieferdienst, der einem das Essen beispielsweise von McDonald's oder Pizza Hut direkt an die Haustüre liefert. Wie im Paradies ist das!

Aber

Gehen Sie mal am Nachmittag um die Kaffeezeit zu einem kanadischen McDonald's. Sie werden überrascht sein. Das ist wie in einem deutschen Café, in dem sich die Rentner zum Kaffeeklatsch treffen. Nachdem sich das Konzept der Kaffeekränzchen am hübsch gedeckten heimeligen Kaffeetisch bislang leider nicht in Kanada durchsetzen konnte, muss der Rentner zwangsläufig auf Fast-Food-Restaurants ausweichen, wenn er am Nachmittag doch mal Lust auf ein Schwätzchen mit seinen Rentnerkollegen bekommt. McDonald's hat als besonderes Schmankerl einen Seniorenrabatt für Kaffeetrinker ab fünfundfünfzig Jahren. Da kostet der Kaffee nicht mal mehr einen Dollar! Nicht zuletzt auch wegen der teilweise sehr schön eingerichteten Sitzecken mit Kamin trifft man sich da gerne mit Freunden und genießt seinen Kaffee.

Warum Sie

IMMER

wieder nach

KANADA

reisen sollten

1 weil **Leben** in Kanada **leichter** ist,

2 weil in Kanada **die nettesten Menschen** leben,

3 weil Kanadier unfassbar **höflich und großherzig** sind,

4 weil sich Kanadier immer **entschuldigen**,

5 weil Kanadier einander die **Türen aufhalten**,

6 weil Kanadier es **selten eilig** haben,

7 weil Kanadier beim Schlangestehen **nicht drängeln**,

8 weil man in Kanada **für Fußgänger bremst** – immer,

9 weil der **Himmel** einfach blauer ist,

10 weil man in Kanada die **Polarlichter** *(aurora borealis)* bewundern kann,

11 weil Kanada das **zweitgrößte Land** der Erde ist,

12 weil man fast überall in Kanada **angelächelt** wird,

13 weil es die **Rocky Mountains** in Kanada gibt,

14 weil nur die **Seen** in Kanada so schön smaragdgrün und türkis glitzern,

15 weil die **Luft** in Kanada besser riecht,

16 weil es **Pfannkuchen mit Ahornsirup** zum Frühstück gibt,

17 weil es die besten **Fast-Food-Hamburger** bei A&W gibt,

18 weil es **Pizza mit einem eingebackenen Hotdog in der Kruste** gibt,

19 weil **Autofahren auf dem Highway** nirgendwo sonst so entspannend ist,

20 weil man nur in Kanada Sätze wie »Ich habe die Ausfahrt am Highway verpasst, **weil ich ein Haus überholt habe**« hört,

21 weil man beim Einkaufen seine Sachen **von der Kassiererin eingepackt** bekommt,

22 weil man seine Einkaufstüten **vom Supermarktmitarbeiter zum Auto getragen** bekommt,

23 weil man **Eisbären** sehen kann,

24 weil **Schnee auch im August** fällt,

25 weil die **Auswahl an Fast-Food-Restaurants** unvergleichlich ist,

26 weil man **Menschen aller Kulturen** trifft,

27 weil in Kanada Einwanderer **friedlich miteinander leben**,

28 weil man sich in Kanada immer **gegenseitig hilft**,

29 weil es im Sommer **überall Klimaanlagen** gibt,

30 weil an Weihnachten Wohnhäuser in einem **Lichtermeer** versinken,

31 weil die Kanadier **Thanksgiving** feiern und es **Truthahn** gibt,

32 weil es zu allem ***bacon*** (Speck) gibt,

33 weil man sich in Restaurants **wie ein König** fühlt,

34 weil es in Restaurants ***free refills*** gibt (das heißt, das Glas wird immer wieder aufgefüllt mit dem ursprünglich bestellten Getränk – gilt nur für nichtalkoholische Getränke),

35 weil es in Kanada die schönsten **Malls** gibt,

36 weil **Einkaufsbummel** in Kanada herrlich entspannend sind,

37 weil es **ausreichend Parkplätze** vor dem kanadischen Supermarkt gibt,

38 weil es in Kanada die **Niagarafälle** gibt,

39 weil ***poutine*** in Kanada erfunden wurde,

40 weil in Kanada die **größten Wälder** stehen,

41 weil das **Freizeitangebot** in Kanada so vielfältig ist,

42 weil die **Artenvielfalt der Tiere** in Kanada riesig ist,

43 weil man in Kanada schon **mit sechzehn Jahren Auto fahren** darf,

44 weil **kanadische Polizisten** einem helfen, sein Auto aus dem Straßengraben zu schieben,

45 weil es in Kanada ***price match*** gibt und man einen Artikel für den gleichen Preis erhält, wie er bei der Konkurrenz angeboten wird,

46 weil **Benzin** in Kanada so günstig ist,

47 weil es in Kanada **Banken mit *drive-through*-Schaltern** gibt,

48 weil ein kanadisches **Eishockeyspiel** immer ein Erlebnis ist,

49 weil man in Kanada **Eisangeln** gehen kann, ohne zu erfrieren,

50 weil man mit dem Wohnmobil von der kanadischen Ost- zur Westküste fahren kann und dabei **alle Klimazonen durchquert**,

51 weil Kanada die **schönsten Metropolen** der Welt hat,

52 weil es in Kanada **nie langweilig** wird,

53 weil man als Deutscher in Kanada **einen guten Ruf hat** und gern gesehener Gast ist,

54 weil das kanadische **Radioprogramm** nicht stündlich durch Nachrichten unterbrochen wird

55 weil **kanadisches Englisch** wunderschön klingt.

KANADIER HABEN KEINE AHNUNG, WIE MAN RICHTIG GRILLT

28
Barbecue

Wenn sich der bequeme Kanadier dann doch einmal dazu durchringt, sein Essen selbst zuzubereiten, dann tut er dies mitunter gerne im Freien. Er ist ja schließlich immer noch ein Naturbursche. Und was läge da wohl näher als ein offenes Feuer? Richtig: ein Grill. Wobei ich an dieser Stelle kurz anmerken muss, dass so mancher tatsächlich eine *fire pit* (Feuergrube) in seinem Garten eingerichtet hat, um die man in lauen Sommernächten herumsitzt und über der man dann entweder seine Hotdogs oder Marshmallows am Stecken brät. Notfalls bastelt man irgendwie notdürftig einen Rost drüber und kann so auch mal einen Burger zubereiten.

Übrigens

Ein nicht nur bei Kindern besonders beliebter Nachtisch, der über offener Flamme, nämlich vorzugsweise in der *fire pit* zubereitet wird, ist S'Mores. Dazu braucht man zwei Kekse, in deren Mitte man einen Marshmallow und eine Schicht Schokolade legt. Die Schokolade kann dabei von dünner Essschokolade bis hin zu Schokoriegeln variieren. Das Ganze steckt man dann auf einen Spieß, und diesen hält man ein paar Minütchen über die offene Flamme, bis der Marshmallow zu schmelzen beginnt und eine bräunliche Farbe annimmt. Eine leckere, heiße, süße und äußerst klebrige Angelegenheit. Der halbe Spaß dabei ist allerdings, wenn man die in Flammen stehenden *S'mores* auspusten muss, weil sie »ganz aus Versehen« Feuer gefangen haben.

Das Grillen, oder Barbecue (kurz: *BBQ*), wie man es auf Englisch schimpft, ist beliebtestes Freizeitvergnügen der Kanadier – gleich hinter Eishockey natürlich. Dabei besuchen die dilettantischen Kanadier nicht mal einen richtigen Grillkurs, bevor sie loslegen. Und vom Angrillen haben sie auch noch nie was gehört. Wild, hemmungs- und planlos wird einfach drauf los gegrillt, was das Zeug hält. Auch weiterbildende Koch- und Grill-TV-Sendungen, wie man sie häufig aus Deutschland kennt, gibt es hier, wenn überhaupt, nur sehr spärlich. Kein Wunder, dass der Kanadier keine Ahnung vom richtigen Grillen hat. Da steht er nun, der Banause, selbst im Winter auf seinem Balkon und brutzelt einen Hamburger, ein Steak oder Hühnchen auf seinem Feuerofen. Gegrillt wird das ganze Jahr, auch bei minus fünfundzwanzig Grad. Vorausgesetzt natürlich, man bekommt das zugefrorene Ventil an der Propangasflasche aufgeschraubt. Wenn nicht, wird kurzerhand der Hammer rausgeholt und mit purer Gewalt das Ventil aufgeklopft. Also, wo gibt's denn so was?! Grillen ist eine Sommeraktivität. Man hat doch gar nicht die nötige Ruhe, wenn einem bei minus fünfundzwanzig Grad der gusseiserne Henkel vom Deckel des Grills an der Hand festfriert, oder? Gut, man kann Handschuhe anziehen. Aber das hilft nicht wirklich, weil man das Grillwerkzeug dann gar nicht richtig greifen kann. Oder haben Sie schon mal versucht, ein Steak mit einer Grillzange und Fäustlingen an den Händen zu wenden? Sehr beschwerlich. Das kann ja nix werden. Zum Scheitern verurteilt.

Trotz mangelnder Kenntnis und Professionalität lässt sich der Kanadier den Spaß am Grillen nicht nehmen. Selbst in öffentlichen Parks sind Grills installiert, die jeder Parkbesucher benutzen kann, wenn er seine eigene Grillkohle mitbringt. Daraus resultiert dann direkt auch schon das nächste Problem: Im Park frische Luft schnappen zu wollen wird im Sommer zunehmend schwierig. Die Luft ist eher von Holzkohle- und Grillfettgeruch geschwängert als von sauerstoffreichem Nadel- oder Laubbaumwaldduft. Damit muss man leider rechnen.

DIE ALBERTANISCHE KUH TRÄGT KEINE SCHULD AM DESOLATEN ERNÄHRUNGSZUSTAND DER KANADIER

29

Fleischqualität

Die Frage, die sich zwangsläufig aus den beiden vorherigen Kapiteln ergibt, ist folgende: Wenn sie aus Sicht eines deutschen Hobbyküchenchefs schon nicht richtig kochen und grillen können, die Kanadier, haben sie denn dann wenigstens vernünftiges Koch- oder Grillgut? Vielleicht könnte das ja den vorhandenen Mangel an professioneller Zubereitung wieder wettmachen. Wie sieht es denn aus mit der Qualität von tierischen Produkten? Ist das denn dann wenigstens Bio? Dazu habe ich zur Vereinfachung folgende Beispiele ausgewählt: Rindfleisch *(beef)* und Lachs *(salmon)*.

Mit Ersterem rühmen sich die Albertaner. Es heißt, es gibt kein besseres Rindfleisch auf diesem Planeten als *Alberta beef*. Einzige Ausnahme: argentinisches Rindfleisch, das jedoch jüngst wegen Massentierhaltung, Hormonfütterung und folglich massiver Qualitätseinbußen zunehmend in die Kritik der Fleischexperten geraten ist. Bleibt also nur noch Kobe-Rindfleisch aus Japan als ernstzunehmender Konkurrent. Vielleicht. Darüber würde sich ein albertanischer Cowboy oder Rinderzüchter aber ganz sicher noch mit Ihnen streiten. Fakt ist, dass in Kanada die Kühe keine künstlichen Hormone verabreicht bekommen. Das wiederum heißt, nicht nur das Rindfleisch, sondern auch sämtliche Milchprodukte sind automatisch hormonfrei. Hormone hat sie selbst genug, die Kuh, da muss man nicht noch nachhelfen.

Was nun den besonderen Geschmack des *Alberta beef* ausmacht, lässt sich nur erahnen. Meine ganz persönliche Theorie ist wie folgt: Wenn man durch die unendlich weite Provinz Alberta fährt, sieht man jede Menge gigantische Kuhweiden mit riesigen Rinderherden, die darauf grasen. Tagein und tagaus. Winter wie Sommer. Die haben da richtig viel Platz (Alberta ist circa doppelt so groß wie Deutschland) und ein dementsprechend ordentliches Nahrungsangebot. Hinzu kommt, dass in Alberta fast ständig die Sonne scheint. Bis zu zweitausendsechshundert Stunden pro Jahr. Zum Vergleich: Das sind gut fünfhundert Stunden mehr als in Deutschland. Wenn die Kuh dann Vitamin D produziert wie nix und somit der Serotoninspiegel ins Unermessliche steigt, hat die bovine Depression keine Chance. Da ist sie einfach nur happy, die kanadische Kuh. Kein Wunder, dass das Fleisch einer mit so vielen natürlichen Glückshormonen geschwängerten Kuh so gut schmeckt.

Kommen wir noch kurz zum weiter oben im Text erwähnten Lachs. Damit prahlen vor allem die Ost- und Westküstenbewohner. Dabei sollten sie sich nicht zu weit aus dem Fenster lehnen, denn die Kanadier gehen beim Lachskauf durchaus gerne fremd. Sie kaufen nämlich klammheimlich den wirklich wilden Lachs, und der kommt nicht aus kanadischen Gewässern, sondern aus Alaska. Die klare tiefrote Farbe verrät, wie frisch und gesund dieser Fisch tatsächlich ist. Lachs vom Atlantik dagegen ist fast ausschließlich gezüchtet, zwar meist im offenen Meer, aber dennoch kann man das nicht mehr als »wild« bezeichnen. Nichtsdestotrotz empfiehlt *Health Canada,* das kanadische Gesundheitsministerium, Lachs dringend in den Speiseplan zu integrieren und mindestens zweimal pro Woche zu verzehren.

Übrigens

Wenn man Lachs nicht als Hauptgericht zubereiten will, kann man ihn als Snack für Zwischendurch in ungewöhnlicher Ausführung kaufen: als *candied salmon* oder *salmon nuggets*. Das muss man sich vorstellen wie einen Paradiesapfel von der Kirmes – nur mit Fisch halt. Also der Lachs in Würfelform, eingehüllt in eine Art zuckrigen Karamellmantel. Nachdem der Kanadier mega-süß bevorzugt und beim Essen nicht sonderlich gesundheitsaffin ist, hat er damit auch dieses Mal einen Weg gefunden, selbst das gesündeste Essen ungesund zu machen.

BEIM ESSEN GEBEN KANADIER SO RICHTIG GAS

30
Restaurants

Wenn es ums Essen und Essengehen geht, kann es dem sonst so gemütlichen Kanadier gar nicht schnell genug gehen. Und das im doppelten Sinne: bei der Zubereitung und bei der Verköstigung. Wahrscheinlich ist das auch der Grund dafür, warum es so viele Fast-Food-Restaurants gibt. Sitzfleisch hat er nämlich gar nicht, der kanadische Gourmet.

Wenn man sich doch mal entschließen sollte, in ein »ordentliches« Restaurant zu gehen, erinnert einen der Ablauf dort eher an einen Drill auf dem Kasernenhof, bei dem alles mit höchster militärischer Präzision geregelt ist. Ein gemütliches Beisammensitzen mitsamt netter Unterhaltung, wie man das aus Deutschland kennt, gibt es normalerweise nicht. Essengehen dient hier einzig und allein der Nahrungsaufnahme. Das ist äußerst gewöhnungsbedürftig.

Der ganze Stress beginnt mit dem Betreten des Restaurants. Sich in Ruhe umschauen und einen netten Platz aussuchen kann man gar nicht. Da kommt sofort der Platzanweiser (oder besser: Oberfeldwebel) mit den Speisekarten unter dem Arm geklemmt auf einen zugetrabt und fordert einen höflich auf, ihm oder ihr zumeist im Stechschritt – wir haben doch keine Zeit! – an einen zugewiesenen Tisch zu folgen. Kaum sitzt man, kommt die erste Bedienung angesaust und stellt einem unaufgefordert Gläser und eine Karaffe Wasser auf den Tisch. Wasser ist in kanadischen Restaurants übrigens kostenlos. Aber nur das ohne Kohlensäure. Die eigentlichen Getränke bestellt man dann bei der »richtigen« Bedienung, die wenige Sekunden später an den Tisch kommt und sich namentlich vorstellt, damit man weiß, wer ab jetzt das Kommando hat. Viel Zeit zum Aussuchen der Speisen hat man nicht. Wer unentschlossen ist, hat verloren, deshalb schaut man am besten vor dem Restaurantbesuch auf die Internetseite des entsprechenden Restaurants und trifft schon mal eine Vorauswahl auf der dort veröffentlichten Speisekarte. Wenn das Essen bestellt ist und schon nach kürzester Zeit auf dem Tisch steht, hat man immer noch keine Ruhe. Nervös kommt die Bedienung alle pupslang an den Tisch und fragt nach, ob wirklich alles in Ordnung sei oder man nicht irgendetwas brauche. Mehr Ketchup oder Mayo vielleicht? Oder etwas mehr Cola? Kaum hat man den letzten Bissen in den Mund geschoben, taucht sie wie aus dem Nichts schon wieder auf und reißt einem förmlich den Teller unter dem Mund weg. Keine zwei Minuten später hat man die Rechnung unaufgefordert auf dem Tisch und kann direkt bezahlen. Dass man einer Bedienung eventuell sogar mehrmals »Entschuldigung, wir würden gerne zahlen, bitte!« hinterherrufen muss, ist in der Regel unvorstellbar bzw. wäre eine Zumutung für einen Kanadier. Zeitgleich mit der Aushändigung des Zahlungsbelegs steht man dann auf und verlässt zügig das Gebäude. Puh! Was für ein Stress!

Im Normalfall ist der gesamte Restaurantbesuch innerhalb von maximal sechzig Minuten – meist aber sogar wesentlich weniger – erledigt. Das ist für den Kanadier essenziell. Freiheitsliebend, wie er nun mal ist, der Kanadier, könnte er es nicht ertragen, einer Bedienung ausgeliefert zu sein, bis die ihm sein Essen und die Rechnung bringt. Kein Wunder, dass bei all dem Stress *drive throughs* und Fast-Food-Ketten so beliebt sind.

Aber

Wenn man ausnahmsweise etwas länger sitzen bleiben möchte, haben die meisten Restaurants nichts dagegen. Es ist zwar in Kanada eher die Ausnahme und nach wie vor ungewöhnlich, aber solange andere Gäste nicht Schlange stehen und auf einen freien Tisch warten, ist es gar kein Problem.

Auch sind die meisten Restaurants in Kanada sehr großzügig, wenn mal etwas schiefläuft und man tatsächlich Grund zur Beschwerde hat. Im Normalfall berechnen sie bemängeltes Essen gar nicht und bringen obendrauf noch ein neues Gericht als Wiedergutmachung. Wenn eine Bestellung mal etwas länger dauert als gewöhnlich, gibt es ein Dessert umsonst oder die Getränke werden nicht berechnet. Ein äußerst kundenfreundliches Konzept.

IN KANADA WERDEN HOLLYWOOD-STARS UND ÖL GEFÖRDERT

31

Ökosystem

Und jetzt zu einem Thema, bei dem sich unsere Umwelt-Greta höchstwahrscheinlich die Haare vor Entsetzen ausreißen dürfte. Ach was, stimmt nicht, sie hat sie ja schon gesehen und öffentlich an den Pranger gestellt: die *oil sands*.

In der Gegend um Fort McMurray, also in der nordöstlichen Ecke von Alberta, wurden riesige Flächen gerodet, um an im Erdboden verborgenes Bitumen zu gelangen. Ganz vereinfacht ausgedrückt, handelt es sich dabei um zähflüssiges Rohöl mit einer Konsistenz in etwa wie Erdnussbutter, das an Sand, Lehm und Steinen klebt. Um das Öl von Sand und Stein trennen zu können, muss es zunächst verflüssigt werden, bevor es dann aus dem Boden abgesaugt und zum Beispiel zu Benzin weiterverarbeitet werden kann. Dazu gibt es zwei Methoden: Wenn das Bitumen an der Oberfläche gefördert werden kann, kommt zum Verflüssigen heißes Wasser zum Einsatz. Sollte es unter fünfundsiebzig Meter tief liegen, muss es in situ abgebaut werden. Das ist die zweite und weitaus häufigere Methode. Dies geschieht dann mit Dampf und Chemie. Dazu werden Rohre in die Tiefe gelegt, damit der Dampf vor Ort, also in situ, eingesprüht werden kann. Egal ob durch verschmutztes Wasser, die Abholzung der Wälder oder erhöhten CO_2-Ausstoß – man kann sich leicht vorstellen, wie sehr die Umwelt darunter leidet.

Genau aus diesem Grund kommen auch regelmäßig Hollywood-Stars nach Alberta, um sich mit eigenen Augen von der Katastrophe zu überzeugen und ganz laut loszuschreien, was für eine Sauerei das ist. Schrecklich, die Bilder von den gerodeten Waldflächen und schmutzigen Abwasserteichen. Da wird einem angst und bange. Mit Hubschraubern werden Stars wie Leonardo DiCaprio, Jane Fonda oder Neil Young über die *oil sands* geflogen. Greenpeace hat sie alle eingeladen. Und natürlich auch informiert über alles, was da in Alberta so los ist. Schockiert und fassungslos und mit Tränen in den Augen plädieren sie dann an die Albertaner und die kanadische Regierung, diesen Irrsinn zu stoppen. In Zeiten des Klimawandels und der ohnehin prekären Umweltsituation lässt man nichts unversucht. Dann steigen sie alle wieder in ihre Privatjets und fliegen zurück nach Hollywood oder erholen sich erst mal von diesem Schock und den Strapazen auf ihren Yachten. Mit Regierungsvertretern sprechen sie nicht, denn Greenpeace hat sie ja bereits umfassend informiert. Wer braucht da noch eine andere Seite oder gar eine zweite Meinung? Das Ausmaß der Verwüstung und Verschmutzung hat man ja mit eigenen Augen gesehen. Man muss auch nicht mit noch mehr *Indigenous* sprechen – ein Stammeshäuptling genügt. Die haben sowieso sicher alle die gleiche Meinung, denn schließlich sitzen sie ja alle im selben Boot.

Was mich aber interessieren würde, ist, ob sich diese ganzen Hollywood-Stars und Umweltverfechter im Vorfeld überhaupt einmal die Mühe gemacht haben, einen Blick auf eine Landkarte von Alberta zu werfen, um das tatsächliche Ausmaß dieser »unfassbaren Katastrophe« objektiv beurteilen zu können. Ach ja, und war da nicht auch vor einigen Jahren dieses verheerende Feuer in Fort McMurray? Was hat denn da eigentlich gebrannt, wenn doch die ganzen Wälder bereits abgeholzt wurden? Weiß das zufällig irgendjemand?

Harte Fakten

Die Regierung von Alberta schreibt vor, dass einhundert Prozent (in Zahlen: 100!) der für den Abbau genutzten Fläche der *oil sands* saniert werden und ein sich selbst erhaltendes Ökosystem aufgebaut werden muss. Auch das zum Abbau genutzte Wasser wird zu mindestens 80 Prozent wiederverwertet.*

Hier passiert so einiges, was in der Öffentlichkeit nicht ganz so laut und enthusiastisch breitgetreten wird. Obwohl sich die kanadische Regierung sehr kritisch zu den *oil sands* äußert, hat sie eine sehr informative Website dazu erstellt. Ich persönlich empfehle deren Lektüre, denn das passt so gar nicht ins Konzept der ansonsten publizierten Katastrophenberichte oder – passender bezeichnet – Weltuntergangspornographie. Weiterhin empfehle ich, immer schön kritisch zu bleiben, zu hinterfragen und bei verschiedenen Quellen nachzuforschen.

*Quelle: Government of Canada, Natural Resources, https://www.nrcan.gc.ca/energy/energy-sources-distribution/crude-oil/7-facts-oil-sands-and-environment/18091

LANDFILLS – DIE KANADIER KÜMMERN SICH EINEN DRECK UM IHREN DRECK

32

Mülltourismus

Die Müllbeseitigung in Kanada stinkt zum Himmel. Im wahrsten Sinne des Wortes. Um Müll jeglicher Art loszuwerden, greift man hier immer noch weit verbreitet auf die älteste Form der Müllbeseitigung zurück: die Mülldeponie oder *landfill*, wie sie in Kanada heißt. Was man damit der Umwelt antut, scheint den tiefenentspannten Kanadier nicht sonderlich zu beunruhigen. Ehrlich gesagt, scheint er in dieser Hinsicht irgendwie schmerzfrei, um nicht zu sagen ignorant zu sein. Die Müllberge wachsen munter vor sich hin. Über die Tatsache, dass beim Zersetzungsprozess der Boden sowie das Grundwasser verseucht werden, möchte man lieber auch nicht so gerne sprechen. Und das bei der Zersetzung des Mülls entstehende Methangas trägt ganz sicher nicht zum Stopp des Klimawandels bei.

Die schöne Natur wird langsam, aber sicher nicht nur verpestet, sondern komplett zerstört, also sah sich der Kanadier gezwungen, ganz pragmatisch einzugreifen. Dringend! Und eine saubere Lösung musste her. So kam der findige Kanadier auf die geniale Idee des Mülltourismus (ob er es erfunden hat, wage ich zu bezweifeln, denn andere Nationen kamen auch auf diese glorreiche Idee). Also wurden Müllabkommen mit anderen, möglichst weit entfernten Ländern geschlossen und der ganze Dreck kurzerhand weggeschippert. Frei nach dem Motto »Aus den Augen, aus dem Sinn«. Hauptabnehmer waren bisher Südostasien und China. China entschied dann aber 2018, keinen Müll mehr aus Industrieländern abzunehmen, um seine eigene Umweltbilanz zu verbessern. Blöd. Kleine Notiz am Rande: Auch Deutschland schickte 2017 noch 340.000 Tonnen Plastikmüll dorthin. Bis zum Ausstieg Chinas als Weltmüllhalde im Jahr 2018 exportierten allein die EU-Mitgliedsstaaten siebenundachtzig Prozent aller Plastikabfälle nach China, allen voran Deutschland und Großbritannien.

Dann wird eben nur noch nach Südostasien geschippert, so der neue ausgefuchste Plan der Kanadier. Logisch. Problem schon wieder ganz einfach gelöst. Diese Rechnung hatten die Kanadier dann allerdings ohne die Philippinen gemacht. Erst kürzlich kam es hier zu einem Eklat. Die kanadische Regierung weigerte sich, ein Schiff mit 69 Containern Abfall und rund 1.300 Tonnen Müll, das die Kanadier bereits zwischen 2013 und 2014 auf die Philippinen geschickt hatten, wieder zurückzunehmen. Laut philippinischen Angaben waren die Abfälle fälschlicherweise als recycelbarer Plastikmüll deklariert gewesen. Tatsächlich seien aber neben Plastikflaschen und -tüten auch Altpapier und Hausmüll wie beispielsweise Wegwerfwindeln darunter gewesen. Die kanadische Regierung hatte die Rücknahme jahrelang mit der Begründung verweigert, es habe sich um ein privates Geschäft zwischen einem kanadischen Unternehmen und dem südostasiatischen Land gehandelt. Erst als die Philippinen sogar mit Krieg drohten, lenkte man ein. Der Mülldampfer machte sich also wieder zurück auf den Weg an die kanadische Westküste. Was nun damit passiert, steht in den Sternen.

Harte Fakten

- Für eine Tonne Müll braucht man 1,5 bis 2,5 Kubikmeter Platz auf einer Deponie.
- In Studien wurde nachgewiesen, dass allein durch eine Änderung des Konsumentenverhal-

tens 25 Prozent des für Deponien anfallenden Hausmülls vermieden werden könnten.

- Während der ersten 15 Jahre nach dem Abladen des Hausmülls auf einer Deponie zersetzen sich nur 25 Prozent des biologischen Abfalls wie beispielsweise Essen und Gartenabfälle. Der restliche Müll behält sein Originalgewicht und -volumen für mindestens 40 Jahre bei.
- Bioabfälle, die sich zersetzen, produzieren Methangas. Methangas ist als Treibhausgas 25-mal stärker als CO_2.

WELCHES MÜLLPROBLEM? DER KANADIER IST UMWELTSCHÜTZER!

33
Umweltschutz

Was den Umweltschutz angeht, ist er sehr engagiert, der Kanadier. Sein guter Wille zeigt sich allein in den zahlreichen Umweltschutzprogrammen und -organisationen, die er auf die Beine gestellt hat. Canada's Oceans Protection Plan, Canadian Parks and Wilderness Society (CPAWS), Greenpeace Canada (die bereits 1971 in Vancouver gegründet wurden), Environmental Defence Canada und WWF Canada sind nur ein paar der bekanntesten und populärsten Vertreter. Da wird im großen Stil Umweltschutz propagiert, denn im Kleinen hat man Schwierigkeiten, diese Dinge konkret umzusetzen. So etwas wie

Abfallvermeidung und Mülltrennung sind unbeliebte und wenig beachtete Themen. Das ist einfach so in Kanada, da ist man bequem und macht sich wenig Gedanken.

Bei der Mülltrennung ist man trotz aller guten Absichten und Bemühungen größtenteils sehr rückständig. In unserer Kleinstadt in Alberta allerdings hat der Fortschritt längst Einzug gehalten, denn hier trennt man – wie in Deutschland auch – Restmüll, Biomüll, gelber Sack (der ist in Alberta halt einfach nur blau) und Papier. Plastikflaschen bringen wir Säckeweise zum *bottle depot*, einer Flaschenannahmestelle, in der tatsächlich noch Menschen anstatt Automaten das Leergut entgegennehmen. Wenn man sieht, wie viele Plastikflaschen hier täglich abgeliefert werden, bekommt man eine vage Vorstellung davon, wie schlimm die Lage wirklich ist. Bei der Verwendung von Plastik ist man hemmungs- und auch schamlos.

Anerkennenderweise muss ich aber anmerken, dass die Regierung von Kanada unter Premierminister Justin Trudeau jetzt eine Vorreiterfunktion in puncto Müll- und insbesondere Plastikabfallvermeidung übernimmt. Als erste Maßnahme war im Jahr 2021 vorgesehen, dass die kanadische Regierung Einweg-Plastikartikel ab sofort verbietet. Dazu gehören insbesondere Plastiktüten, Strohhalme und Plastikbesteck. Wie der Kanadier künftig seine heißgeliebten Cola-Getränke aus dem *drive through* trinken soll, wird spannend zu beobachten sein. Wobei, es gibt bereits seit einiger Zeit bei einem bestimmten Fast-Food-Restaurant keine Plastikstrohhalme mehr, sondern nur noch Papierstrohhalme. Ist zwar etwas gewöhnungsbedürftig, weil man sich mit dem Trinken doch etwas beeilen muss, bevor der Strohhalm aufgeweicht ist, aber immerhin sehr umweltfreundlich. Nach Einschätzung von Premierminister Justin Trudeau können mit der Einführung klarer Standards und Zielvorgaben für Firmen bei der Herstellung von Plastik und dem Verbannen von Einweg-Plastikartikeln die Kohlendioxidemissionen um 1,8 Millionen Tonnen reduziert werden. Netter Nebeneffekt dabei ist, dass sogar noch ungefähr 42.000 Arbeitsplätze geschaffen werden.

Puh, gerade noch mal die Kurve gekriegt.

Gut zu wissen

- Auf dem G7-Gipfel 2018 verabschiedete Kanada zusammen mit Deutschland, Frankreich, Italien, Großbritannien und der EU die *Ocean Plastics Charter,* die von Regierungen, Industrie und Öffentlichkeit fordert, den Umgang mit Plastik grundlegend zu überdenken. Ziel ist es, Plastikmüll im Meer und auch an Land zu reduzieren beziehungsweise zu vermeiden und sicherzustellen, dass wiederverwertbare Kunststoffe entwickelt werden. Auch namhafte Unternehmen wie IKEA, Nestlé und Coca Cola sowie zahlreiche andere Firmen haben sich der Charta bereits angeschlossen. Eine vollständige Liste der teilnehmenden Länder und Firmen findet man auf der Website der kanadischen Regierung.

- Im Rahmen des von Ocean Wise und World Wildlife Fund (WWF) ins Leben gerufenen Programms Great Canadian Shoreline Cleanup, das von der kanadischen Regierung unterstützt wird, haben über 850.000 freiwillige Helfer in den letzten 25 Jahren mehr als 1,7 Millionen Kilogramm Müll entlang der kanadischen Küsten eingesammelt.

»RAUCHST DU NOCH, ODER KIFFST DU SCHON?« LAUTET DIE FRAGE IN KANADA

34

Marihuana

Generell ist Rauchen in Kanada sehr verpönt. Wenn man nicht ganz genau hinschaut, denkt man, dass hier kein Mensch raucht. Man fühlt sich wirklich schlecht als Raucher. Aber das ist nur eine geschickte Vorspiegelung falscher Tatsachen. Lägen nicht überall auf der Straße und in den Vorgärten Kippen rum, wäre die Täuschung perfekt. Fakt ist, die Leute rauchen hier heimlich. Wie die Schulkinder. Ich spreche jetzt allerdings von Zigaretten. Noch.

Da schleicht man sich mit dem Glimmstängel verstohlen hinter das Haus, um schnell mal eine zu qualmen. Viele haben auch eine ganz ausgeklügelte

Technik erfunden, wie man so eine Zigarette quasi unsichtbar in der Hand halten kann, nämlich indem man sie zur Handinnenfläche dreht und dabei eine halb offene Faust macht. Das muss man mal gesehen haben, ist schwer zu beschreiben. Ein erheiternder Anblick, wie ich finde, wenn erwachsene Männer versuchen zu vertuschen, dass sie rauchen.

Allein der Zigarettenkauf ist ein Abenteuer. An der Tankstelle bekommt man sie hinter der Kasse unter blickdicht verschlossenen Rollläden. Die werden erst geöffnet, wenn man seine Marke bestellt hat, dann wird die Packung ganz schnell rausgenommen und noch schneller das Rollgatter wieder runtergelassen. Nicht dass ein Nichtraucher angesichts der schönen bunten Päckchen zum Rauchen animiert werden könnte. Um Himmels willen! Noch schlimmer ist es bei einem Großhändler. Da ist die Zigarettenabteilung direkt neben dem Reifenhandel in einem Anbau untergebracht. Man geht in einen schmutzigen, mit Drahtzaun verbarrikadierten Verschlag und bestellt an einem kleinen Gucklochfenster seine Marke. Das Ganze sieht eher aus wie ein Hochsicherheitstrakt in einem Gefängnis aus einem Hollywood-Gangsterfilm. Sehr befremdlich, um nicht zu sagen peinlich, und man fühlt sich ganz arg kriminell.

Im krassen Gegensatz dazu sprießen die auf Hochglanz polierten »Kifferbuden« (wie ich sie liebevoll nenne) neuerdings wie Pilze aus dem Boden. Das muss man wirklich mal gesehen haben. Ein Juweliergeschäft ist fast schäbig dagegen! Im beleuchteten Display unter blank geputzten Glasscheiben werden da die tollsten Sorten Marihuana präsentiert und zum Verkauf angeboten. Appetitlich angerichtet und in Szene gesetzt. Unglaublich. Am 17. Oktober 2018 wurde Marihuana in Kanada legalisiert und als Heilsbringer schlechthin angepriesen. Natürlich geht es nur um medizinisches Marihuana. Das ist es, was die Leute wollen. Logo.

Aber

Allein in den ersten drei Monaten 2019 wurden durch den Verkauf von Marihuana 107,1 Millionen kanadische Dollar an Steuern eingenommen. Dazu kommt, dass Tausende neue Arbeitsplätze entstanden sind, was der momentan schwächelnden kanadischen Wirtschaft natürlich sehr gelegen kommt. Die Corona-Pandemie hat die Verkaufszahlen von Marihuana noch zusätzlich in die Höhe schnellen lassen. Laut Statistics Canada gaben Kanadier von April bis Juni 2020 (also direkt nachdem COVID-19 im März offiziell zur Pandemie erklärt worden war) fast 75 Prozent mehr Geld für Marihuana aus als noch im gleichen Zeitraum des Vorjahres.

Der Hype war anfangs riesengroß. In den ersten Tagen waren die Schlangen vor den »Kifferbuden« Hunderte von Metern lang. Völlig ungeniert standen sie da, die Nichtraucher, die ja »nur« kiffen. Und das lang ersehnte legale Marihuana war am Eröffnungstag innerhalb weniger Stunden tatsächlich komplett ausverkauft. Bis zum Frühjahr 2019 überstieg die Nachfrage das Angebot so stark, dass permanent Lieferverzug vorlag. Zwischenzeitlich hat der Markt nachgerüstet und die Nachfrage kann zur Freude aller Marihuanaliebhaber wieder gedeckt werden.

Wer nicht kifft, wird fast schon bedauert. Was zu meiner Jugendzeit noch als Einstiegsdroge verteufelt wurde, wird jetzt verniedlicht. Kiffen wird gesellschaftsfähig und, wie ich vermute, bald so normal wie das Glas Rotwein am Abend sein. Ein Paradebeispiel für die erfolgreiche Verharmlosung eines wesentlich komplexeren und kritischer zu betrachtenden Sachverhalts.

Harte Fakten

Seit der Legalisierung von Marihuana im Oktober 2018 sind allein in Edmonton die Verkehrsdelikte unter Drogeneinfluss um satte 70 Prozent gestiegen.

Ferner sehen Krankenhäuser kanadaweit einen Anstieg an jugendlichen Patienten, die aufgrund von Marihuanakonsum behandelt werden müssen. Die meisten Marihuanapatienten suchen wegen psychischer Probleme wie akuter Angstzustände und Schizophrenie die Notaufnahmen auf und werden dann in die Psychiatrie überwiesen. So viel zum Thema »Kiffen ist doch ganz harmlos«.

NA, DANN PROST! ODER »CHEERS«, WIE DER KANADIER SAGT

35
Alkohol

Nachdem wir nun das Rauchen ausführlich behandelt und besprochen haben, kommen wir zum Alkohol. Ich kann Sie an dieser Stelle schon mal vorwarnen, dieses Thema ist nicht weniger komplex.

Das Alter, in dem man in Kanada legal Alkohol trinken darf, ist neunzehn! Ja, genau, neunzehn ist das *legal drinking age*. Aber fahren dürfen sie hier alle mit sechzehn (oder sogar schon vierzehn). Also wirklich! Gut, drei kanadische Provinzen bilden eine Ausnahme: In Québec, Manitoba und Alberta darf man »schon« mit achtzehn Jahren Alkohol trinken. In manche Clubs oder Bars darf man aber erst mit einundzwanzig Jahren rein, also nützt das niedrigere *legal drinking age* auch wieder nix. Dumm gelaufen, könnte man da wohl sagen.

Der Konsum von Alkohol an öffentlichen Plätzen ist generell verboten. So holt man sich am Feierabend und an den Wochenenden in den an buchstäblich jeder Straßenecke vorhandenen *liquor stores* seinen Alkoholvorrat ab. Ernsthaft, ich habe noch nirgendwo so viele Schnapsläden gesehen wie in Kanada. Dazu muss man allerdings sagen, dass Alkohol im Supermarkt ja auch nicht verkauft werden darf. Alkoholfreies Bier dort zu finden, grenzt schon an ein kleines Wunder. Deshalb wahrscheinlich auch die Flut an *liquor stores*, damit jeder ganz in seiner Nähe auch tatsächlich Zugriff zu Alkohol hat. Wenn man dann seinen Wein oder Schnaps oder sein Bier kaufen möchte, muss man zunächst einen Ausweis mit Lichtbild vorlegen, damit nachgeprüft werden kann, ob man auch wirklich das *legal drinking age* erreicht hat. Die Überprüfung ist Vorschrift und wird zumeist auch penibel eingehalten. Man kann die leidige Prozedur als Kompliment sehen, wenn man im Alter von über dreißig oder auch vierzig Jahren nach seinem Ausweis gefragt wird. Nicht selten führt das auch zu sehr lustigen Konversationen. Wenn bestätigt ist, dass man alt genug ist, wird die Beute sogleich sicher verpackt, und zwar in blickdichte braune Papiertüten. Damit soll verhindert werden, dass »Unbeteiligte« sehen könnten, dass man Alkohol gekauft hat. Alles für den Schutz der Mitbürger. An dieser Stelle sei kurz angemerkt, dass braune Papiertüten als Verpackung in Kanada ansonsten bis vor Kurzem nicht üblich waren. Diese Papierdinger sind ausschließlich für alkoholische Getränke vorgesehen. Aber wie gesagt, gut, dass man nicht sehen kann, was in der Tüte ist ...

Alkohol in Kanada ist auch wahnsinnig teuer. Eine Flasche Wein für unter zehn Dollar zu ergattern ist nahezu unmöglich. Da überlegt man sich schon, ob es unbedingt noch erforderlich ist, die Bolognesesoße mit Rotwein aufzupimpen. Billigen Fusel im Tetra Pak für unter 1,99 Euro, den man gerne mal zum Kochen nimmt, bekommt man hier nämlich nicht. Bier in Dosen ist dafür mit vier bis fünf Dollar pro Dose relativ erschwinglich. Ich habe mir aber sagen lassen, dass man schon drei oder vier kanadische Biere trinken muss, bevor man den Effekt von einem deutschen Bier erzielt. Somit wird das Biertrinken dann auch ganz schön teuer. In Restaurants ist es noch heftiger. Anders als in deutschen Restaurants, in denen Bier in der Regel genauso teuer ist wie Limonade oder Saft, zahlt man in Kanada für ein Glas Bier zum Abendessen gerne schon mal sechs oder sieben Dollar. Da überlegt man sich dann doch, ob man nicht lieber eine Cola für zwei Dollar fünfzig bestellt, die im Normalfall sowieso endlos nachgefüllt wird, wenn das Glas mal leer sein sollte.

Übrigens

Laut Statistics Canada ist Bier das beliebteste alkoholische Getränk in Kanada. Man bekommt auch aus Deutschland importiertes Bier und in manchen *liquor stores* sogar »exotische« Sorten wie zum Beispiel Hefeweizen oder Altbier, das auch nicht so viel teurer ist als das kanadische oder amerikanische Bier. In Québec und British Columbia bevorzugt man allerdings Wein. Rotwein wird insgesamt in Kanada lieber getrunken, außer in Prince Edward Island, wo eher mit Weißwein angestoßen wird.

KANADISCHE NATIONALPARKS ODER: DIE RUHE VOR DEM STURM

36

Naturtourismus

Kommen wir nach all dem Essen, Trinken und Rauchen nun aber zu einem erfrischenderem Thema: der kanadischen Natur. Bewundert werden kann diese am besten in den unzähligen Nationalparks. Auf die ist er stolz, der Kanadier. Sehr stolz. Sie werden gehegt und gepflegt. Verwaltet werden sie von der Regierungsbehörde Parks Canada. Die Mitarbeiter des Parks erkennt man an ihren leblosen, naturfarbenen Uniformen (über den fragwürdigen Modegeschmack der Kanadier hatte ich ja an anderer Stelle bereits ausführlich berichtet). Sie kümmern sich nicht nur aufopferungsvoll um Flora und Fauna, sondern auch um Verwaltungskram, Tourismus und Reparaturen jeglicher Art. Äußerst nützlich sind die Parks-Canada-Mitarbeiter auch, wenn man Fragen zu Pflanzen oder Tieren hat oder generell zum Aufenthalt im Park und zu bestimmten Vorschriften, die es zu befolgen gilt und bei deren Nichteinhaltung man auch tatsächlich des Parks verwiesen wird. Die Parkmitarbeiter haben ein erstaunlich großes Wissen, und es lohnt sich wirklich, sie einfach mal anzusprechen. Man kann von ihnen interessante Informationen zu Flora und Fauna erfahren, die in keinem Reiseführer zu finden sind. Ganz im Gegensatz zu ein paar essenziellen Dingen, die man bei einem Aufenthalt im Nationalpark beachten sollte, die man aber auch überall – notfalls auf großen Anzeigetafeln mitten in der Wildnis – veröffentlicht sieht: Für offenes Feuer, laute Musik und Alkoholkonsum gibt es ganz klare Regelungen. Und Drohnen sind überhaupt nicht erlaubt *(no drone zones)*. Selbst das Feiern und gesellige Biertrinken vermiesen sie einem an den so lange herbeigesehnten langen Wochenenden, denn da herrscht über Tage hinweg ein absolutes Alkoholverbot in den Parks. Von wegen die Kanadier sind so locker – in dem Fall sind sie echte Spaßbremsen.

Ruhe und Frieden, die man normalerweise in solchen Gebieten sucht und generell auch findet, sind trotz Partyverbots dennoch nur begrenzt vorhanden. Als Touristenmagnete ziehen National- und Provinzparks in der Regel millionenfach Besucher an, und viele Menschen machen bekanntlich viele Geräusche. Tunlichst vermeiden sollte man daher Ausflüge in der Hochsaison sowie an Feiertagen mit langen Wochenenden. Es sei denn, man liebt japanische Touristen, die in Scharen mit Bussen angeliefert werden und eifrig alles fotografieren, was ihnen vor die Linse kommt. Timing ist hier wirklich alles!

Harte Fakten

- 2018 gab es insgesamt 39 Nationalparks auf einer Fläche von 328.198 Quadratkilometern. Zusätzlich gibt es mehrere Hundert Provinzparks.
- Wood Buffalo Nationalpark in Alberta ist mit 44.802 Quadratkilometern der größte Nationalpark Kanadas.
- Der Banff-Nationalpark in Alberta wurde 1885 gegründet und ist damit der älteste Nationalpark Kanadas, der zweitälteste Nordamerikas und der drittälteste der Welt. Er hat mit über vier Millionen Menschen pro Jahr auch die höchste Besucherzahl.

Um am Naturtourismus in den freigegebenen Bereichen der Nationalparks teilnehmen zu können, braucht man eine Eintrittskarte. Dazu ist entweder ein Tagesticket oder ein Jahrespass erhältlich. In Alberta gibt es fünf Nationalparks, einer davon ist der meistbesuchte Nationalpark Kanadas (siehe oben Kasten »Harte Fakten«). Es empfiehlt sich daher – wenn man wirklich die Natur genießen möchte – entweder im Frühjahr oder im Herbst einen Abstecher dorthin zu machen. Im Herbst kann man dann auch das schönste und klarste Wasser sehen und begegnet den wenigsten Menschen. Verraten Sie diesen Tipp aber bitte niemandem, sonst ist es ganz schnell vorbei mit der Entspannung in meinem Lieblingspark in den Rocky Mountains im Frühling.

Praxistipp

Es gibt ein *red chairs experience program* in den kanadischen Nationalparks. Dabei werden jeweils zwei rote Stühle aus recyceltem Kunststoff, sogenannte Adirondack-Stühle, nebeneinander an ganz besonderen Stellen im Park aufgestellt, um dem Besucher ganz außergewöhnliche Aussichten bieten zu können. Zweck ist, sich eine Weile niederzulassen und sich wieder ganz mit der Natur verbinden und relaxen zu können. So manche Aussicht ist dabei wirklich atemberaubend. Und das mit dem Relaxen funktioniert tatsächlich auch.

KANADAS UNZÄHLIGE SEEN SIND GRÖSSENWAHNSINNIG

37

Wassertemperatur

Nach anfänglicher Weigerung und anschließender nochmaliger, gründlicher Überlegung habe ich nun doch beschlossen, den Seen in Kanada ein ganzes Kapitel zu widmen, wenn wir schon mal beim Thema außergewöhnliche Natur und Schönheit sind. Eigentlich wollte ich den Größenwahnsinn nicht auch noch unterstützen. Irgendwie führt aber kein Weg daran vorbei. Nicht nur die große Anzahl, sondern auch die eigentliche Größe der Seen in Kanada machen diese so besonders.

Es gibt rund zwei Millionen Seen in ganz Kanada. Von hellblau über dunkelblau bis hin zu smaragdgrün und türkis leuchten sie in den klarsten und frischesten Farben, die man sich nur vorstellen kann. Farblich besonders beeindruckend sind dabei die Seen, die von Gletscherwasser gespeist werden. Dabei sind über fünfhundert dieser Seen mehr als zehn Quadratkilometer groß. Ein Gefühl von heimeligem Baggersee kommt da nicht auf. Die Seen sehen eher wie Meere aus. Wieder mal so ein *overkill*. Natürlich ist es da super ärgerlich für die frisch eingewanderte und neu eingebürgerte kanadische Mutti oder auch jeden Touristen, wenn man gut gelaunt mit Kind und Kegel, dem Paddelbötchen und Picknickkorb am See steht und mal schnell als Wochenendausflug und nur so zum Spaß mit den Kids von einem Ufer zum anderen paddeln wollte. Oder falls ein Badeausflug geplant war, der dann ausgerechnet an einem Gletschersee endet. Da will man ohne Neoprenanzug wirklich nicht drin schwimmen, glauben Sie mir. Man kann sich die Verzweiflung angesichts der übertriebenen Größe und frostigen Wassertemperaturen bildlich vorstellen. Ein Riesenspaßverderber, die kanadische Natur.

Und außerdem: Wie soll man es schaffen, all diese Seen in nur einem Leben zu besuchen?! Das geht ja überhaupt nicht. Und schon ist der nächste Frust wieder vorprogrammiert. Also, was nun? Man sucht sich am besten als Erstes die schönsten Seen raus. So, und schon haben wir den Schlamassel. Welche sind denn nun die Schönsten? Na, man könnte ja mal mit den bekanntesten Seen anfangen. Oder den größten? Oder doch lieber den am wenigsten bekannten und entlegensten? Da hätten wir auf jeden Fall jede Menge Auswahl: Lake Erie, Lake Louise, Lake Superior, Lake Ontario, Waterton Lake und so weiter und so fort. Die Liste ist endlos. Der blanke Horror für Leute, die nicht ganz so entscheidungsfreudig sind. Da wird womöglich vorzeitig aufgegeben vor lauter Qual der Wahl. Sollte man sich für den Lake Erie oder den Lake Ontario entscheiden, dann kann man gleich noch einen Punkt auf seiner To-do-Liste mit abhaken. Der Niagara River verbindet den Lake Erie mit dem Lake Ontario und endet schließlich an den Niagarafällen, die auf keiner guten »100 Orte, die man gesehen haben muss«-Liste fehlen dürfen. Da muss ich Sie aber direkt wieder enttäuschen, denn man kann die Strecke von den Seen bis zu den Wasserfällen nicht einfach gemütlich am Fluss entlangspazieren, wie man denken könnte. Der Weg ist zu Fuß zu lang, denn er zieht sich knapp dreißig Kilometer hin. Spaß an einem solchen Gewaltmarsch hat wohl nur jemand, der gern ausgiebige Wanderungen über mehrere Tage hinweg unternimmt. Ein E-Bike wäre da unter Umständen eine gute deutsche Lösung – nur sind diese Dinger bisher noch nicht ganz so populär bei den Kanadiern. Egal, wie man aber letztendlich dorthin gelangt, die Belohnung ist umso größer: ein echtes Naturschauspiel mit dem wohl spektakulärsten Wasser, das man jemals gesehen hat.

Übrigens

Hier noch ein kleiner Beitrag aus der Rubrik »Sinnloses Kanada-Wissen für Angeber«: Könnte man das Wasser aus allen kanadischen Seen und Flüssen zusammennehmen und Kanada damit überfluten, würde es ausreichen, das ganze Land zwei Meter tief unter Wasser zu setzen.

WARUM GLAMPING IN KANADA BESSER IST ALS CAMPING

38
Wohnmobil

Wenn endlich der Frühling Einzug hält im Lande, widmet sich der Kanadier gern einem weiteren beliebten Hobby, dem Campen. Ein Aufenthalt in der zuvor beschriebenen wunderschönen freien Natur steht dann ganz oben auf der Liste. Warum Campen im Zelt aber nicht wirklich umweltfreundlich ist und folglich Camper zu bevorzugen sind, erkläre ich Ihnen nachfolgend.

Untrügliches Zeichen für den Einzug des Frühlings sind die plötzlich wieder voller und unübersichtlicher werdenden Highways. Vorbei die langweiligen Zeiten, in denen neben Autos und Motorrädern nur

Trucks unterwegs waren. Endlich sind sie wieder da, aus dem Winterschlaf erwacht und entstaubt in neuem Glanz: die Camper. Also ich meine jetzt die Fahrzeuge *und* die dazugehörigen Menschen. Zu den unzähligen kanadischen Camping-Fans gesellen sich zu allem Überfluss auch noch massenweise Touristen aus aller Herren Länder, die mit dem Wohnmobil ganz Kanada durchkreuzen. Unterscheiden kann man Touristen von den Einheimischen ganz leicht. Normalerweise ist so ein kanadischer Camper nicht allein unterwegs, sondern hat im Schlepptau gerne noch ein Motorboot, Auto, Motorrad oder Geländefahrzeug angehängt. Oder alle vier. Der Kanadier will ja mobil sein an seinem ausgewählten Campingort. Und schließlich ist er umweltbewusst, denn mit dem Camper zum Lebensmitteleinkauf fahren würde er eher nicht. So was machen nur ignorante Touristen. Daher ist es besser und macht es Sinn, wenn man gleich noch sein Auto mit dabei hat. Das hat der Tourist in der Regel (Gott sei Dank noch) nicht.

Das Luxushaus auf Rädern – geparkt auf eigens dafür eingerichteten Plätzen in der freien Wildbahn – bietet ferner Schutz vor Bären und sonstigen unerwünschten und gefährlichen Tieren. Wie oft hat man schon gehört, dass Bären oder Pumas Menschen im Schlaf in ihren Zelten angegriffen haben. Das kann mit dem rollenden Fort nicht passieren. Eine Feuerstelle draußen braucht der richtige

Camper auch nicht, denn er kann ganz bequem in der komplett ausgestatteten Küchenzeile in der Luxuskarosse seine Speisen zubereiten. Wiederum ein Pluspunkt für unsere Natur- und Tierschützer: Tiere werden nicht durch liegengebliebene Essensreste angelockt. Prima. Der Erholungsfaktor ist mit dem Camper um Welten größer, da man nachts in ein bequemes Bett mit Matratze fällt anstatt auf eine wabbelige Luftmatratze mit Schlafsack am Boden, die über Nacht die halbe Luft verloren hat und von der man am Morgen nicht mehr hochkommt vor lauter Rückenschmerzen.

Übrigens gehört diese Art der Freilufterholung in Luxuswohnmobilen auch nicht mehr zum Camping, sondern fällt in die Kategorie *glamping* (zusammengesetzt aus den Wörtern *glamour* und *camping*). Dieser Trend findet in den letzten Jahren immer mehr Anhänger. Sehr zum Leidwesen aller Naturschützer, denn die zuvor erwähnten Vorteile sind dann leider ganz schnell hinfällig, wenn eine ganze Armee an riesigen Wohnmobilen noch mehr Platz in der Natur benötigt und Abgase in Unmengen in die frische Luft geblasen werden. Die Masse macht's. Wenn der Kanadier nach einem solchen *back-to-nature*-Trip wieder nach Hause kommt, kann er seinen Freunden stolz erzählen, was für ein toller Naturbursche er ist und wie autark er in der freien Wildbahn überleben kann. Unreal!

Aber

Noch sind sie nicht ganz ausgestorben, die echten Naturliebhaber. Spärlich mit Zelt, Rucksack und Bärenspray bewaffnet, bereisen sie die Nationalparks im Lande oder gehen einfach abseits der Touristencampingplätze in die *backcountry* und erfreuen sich dort tatsächlich an der herrlichen Natur. Ohne Luxusartikel und ganz bodenständig. Da wird abends etwas im Freien gegrillt (sofern erlaubt) und dann der Sternenhimmel eingesaugt, ohne Tablet und ohne Smartphone. Die meisten überleben es, ohne von wilden Tieren gefressen zu werden. Und ja, Naturverbundenheit und freiwilligen Verzicht auf Luxus gibt es heute auch noch bei der jüngeren Generation!

VOR DER KANADISCHEN TIERWELT IST MAN NIRGENDS SICHER – NIRGENDS!

39
Artenvielfalt

Nach so viel Natur darf natürlich das spannende Thema Tierwelt nicht fehlen. Bei der Recherche stellt man zuallererst fest, dass die Artenvielfalt in Kanada sehr unübersichtlich ist. Daran sind nicht zuletzt die vielen unterschiedlichen Klimazonen schuld. Deshalb gibt es hier *moose*, Bieber, Braunbären, Schwarzbären, Grizzlybären, Eisbären, Waschbären, Bisons, Wale, Pumas, Wildpferde und kanadische Wildgänse, um nur einige Vertreter zu nennen. Unnötigerweise auch Schwarze Witwen, die man eher in Australien erwarten würde. In kaum einem anderen Land dürfte man sowohl Eisbären als auch

Klapperschlangen antreffen. Ein heilloses Durcheinander ist das hier!

Aber an welches Tier denken Sie zuerst, wenn Sie Kanada hören? Richtig. An den *moose* natürlich! Und bitte: Das ist nicht dasselbe wie ein Elch. Da reagiert der Kanadier dann doch empfindlich. *Moose* gibt es nur in Kanada, Elche hingegen in Schweden. So vereinfacht hat mir das mal ein Kanadier erklärt. Wobei selbst diese Aussage zu endlosen Diskussionen führen wird, weil dann irgendwer das Gegenteil behaupten und erklären wird, dass ein *elk* im Englischen eigentlich ein Hirsch ist. Sie sehen, so einfach ist es leider doch nicht. Wer hier tiefer eintauchen und/oder letzte Unklarheiten beseitigen möchte, sollte einen Zoologen oder Biologen zu Rate ziehen.

Aber zurück zum Wesentlichen: Wenn man Pech hat, begegnen einem diese mächtigen Tiere nicht nur in der Wildnis, sondern vermiesen einem auch noch das Shoppen auf den Straßen in so schönen Touristenmagneten wie Banff oder Jasper. Man hat nirgends seine Ruhe, und es empfiehlt sich dringend, immer ausreichend Abstand zu den Tieren zu halten.

Gut zu wissen

Der kanadische *moose* ist normalerweise sehr sanftmütig, kann aber äußerst aggressiv werden, wenn er sich bedroht fühlt. Vorsicht also: Ein ausgewachsener Bulle kann über 450 Kilo wiegen und eine Schulterhöhe von 2,30 Metern erreichen. Was passiert, wenn man einen solchen Koloss reizt, kann man sich bei Gelegenheit auf den einschlägig bekannten Videokanälen im Internet zu Gemüte führen. Fazit: nicht empfehlenswert!

Und auch, wenn man nicht in die Wildnis oder zum Shoppen geht und zu Hause bleibt, ist man vor wilden Tieren nicht sicher. Erwähnenswert sind da auf jeden Fall die *Canada geese* (kanadische Gänse), die sich jedes Jahr in Scharen vor ihrem Abflug in den Süden auf den Seen und Teichen in kanadischen Wohngebieten sammeln. Ein Spaziergang am See wird dann zum Gänsehaufen-Hindernislauf, weil die Viecher rücksichtslos überall hin kacken, wo sie gehen und stehen. Ach ja, Ohrenstöpsel kann man auch vertragen, weil sie beim Abflug immer Alarm schlagen und einen Höllenlärm verursachen. Wer das einmal gehört hat, kann gut nachvollziehen, dass Rom tatsächlich durch das Geschrei von Gänsen vor dem Einmarsch der Gallier gewarnt und somit auch gerettet wurde. Und angeblich waren es die *Canada geese*, die 2009 für den Absturz des Fluges 1549 und der anschließenden Notlandung im Hudson River in New York verantwortlich waren. Nicht einmal in den USA ist man vor den kanadischen »Tierterroristen« sicher.

Zum Abschluss noch ein Fun Fact aus meiner Heimatprovinz Alberta zum Thema »wilde Tiere«: Seit 50 Jahren gibt es keine Ratten mehr in Alberta! Darauf sind die Albertaner ganz besonders stolz. Ratten als Haustiere zu halten ist in Alberta verboten. Ratten zu melden ist höchste Bürgerpflicht. Die Provinz hat eine Ratten-Hotline (310-RATS), die den Anrufer mit der Rattenpatrouille der Provinz verbindet. Eine Rattensichtung nicht zu melden ist strafbar, deshalb melden die Albertaner inzwischen alles Pelzige: Bisamratten, Mäuse und zur Not auch schon mal ein Eichhörnchen. Kaum ein Albertaner weiß heute noch, wie eine Ratte tatsächlich aussieht. Als vor vielen Jahren mal eine tote Ratte in Medicine Hat gefunden wurde, war das die Hauptmeldung in den TV-Nachrichten, und es wurde neben der ausführlichen Berichterstattung – zu meiner großen persönlichen Belustigung – auch noch das »Fahndungsfoto« der Ratte eingeblendet.

WARUM DER KANADISCHE BÄR NICHT WIRKLICH KUSCHELIG IST

40 Bärenglöckchen

Wenn man an die kanadische Wildnis denkt, kommen einem schnell noch mehr wilde Tiere wie beispielsweise Berglöwen und Wölfe in den Sinn, vor denen man sich in Acht nehmen muss. Noch größere Vorsicht ist allerdings bei Begegnungen mit einem weitaus bekannteren Bewohner der kanadischen Wildnis geboten: dem Bären. Dabei spielt es keine Rolle, ob Braun-, Schwarz- oder Grizzlybär, gefährlich sind sie alle. Wobei Letzterer von Natur aus wesentlich angriffslustiger ist als seine beiden anderen Artgenossen.

Und dann gibt es in Kanada ja auch noch Eisbären. Allerdings ist die Wahrscheinlichkeit, dass Sie diesen persönlich begegnen, doch sehr gering. Es sei denn, Sie verbringen Ihren Urlaub in der Eisbären-Hauptstadt Churchill im Nordwesten der Provinz Manitoba.

Es kommt leider immer wieder zu tragischen Zwischenfällen mit Bären. Häufigster Grund für Bärenangriffe sind unbelehrbare, an totaler Selbstüberschätzung leidende Touristen, die keinerlei Respekt vor diesen Tieren und deren Lebensraum haben. So begibt sich der ignorante Tourist gerne freiwillig in Lebensgefahr, wenn dabei ein Sensationsfoto für sein Instagram-Account rausspringt. Nach all den Jahren, in denen ich Touristen im Rocky Mountain National Park beobachten konnte, hält sich mein Mitleid zugegebenermaßen in Grenzen. Wenn ich höre, dass mal wieder ein Tourist von einem Bären angegriffen wurde, kommt mir zumeist »der arme Bär« in den Sinn.

Und wähnen Sie sich bloß nicht in Sicherheit vor Bären, nur weil Sie gerade in der Großstadt unterwegs sind. Vor einigen Jahren hat sich mal ein Bär, der einfach nur dem Flussverlauf gefolgt war, in unseren Park am Universitätsgelände in Edmonton verirrt. Tagelang vermieste uns Meister Petz unseren Spaziergang in der Mittagspause. Nicht mal bei der Arbeit hat man seine Ruhe.

Gut zu wissen

Bei einer Begegnung mit einem Bären ist Wegrennen so ziemlich die schlechteste Idee, die man haben kann. Flüchten ist geradezu eine Garantie dafür, angegriffen zu werden, denn Bären verfolgen in der Regel ihre Beute. Bei einem etwaigen Aufeinandertreffen hat man nur zwei Optionen: sich tot stellen oder selbst angreifen. Die Wahl überlasse ich Ihnen. Damit es erst gar nicht so weit kommt und um eine Begegnung von vornherein zu verhindern, empfiehlt sich zur Warnung des ahnungslosen Bären das Tragen von Bärenglöckchen am Hand- oder Fußgelenk, wenn man in entsprechenden Wandergebieten unterwegs ist. Auch ein Bärenspray sollte man im Gepäck haben. Zu diesem Thema kann man sich gerne einen der zahlreich erschienenen Bärenratgeber zulegen. Diese lassen sich auch *last minute* vor Ort besorgen, denn sie sind in der Regel für Touristen in allen kanadischen Nationalparks kostenfrei erhältlich.

Mit dem Vordringen der Menschen in den Lebensraum der Bären ist in den letzten Jahrzehnten auch die Anzahl der Angriffe von Bären auf Menschen dramatisch gestiegen. Umso wichtiger ist es da, dass man den Bären ihren Raum lässt, wenn man ihnen in der Natur begegnet – egal wie kuschelig und flauschig das kleine Bärchen auch aussehen mag. Wenn er sich bedroht fühlt, wird aus dem Knuddelbär im Bruchteil einer Sekunde das, was er wirklich ist: ein wildes Tier.

Aber

Seit dem Jahr 1900 wurden insgesamt 67 Menschen von Bären getötet. Die Wahrscheinlichkeit, dass Sie von einem Hund zu Tode gebissen oder vom Blitz tödlich getroffen werden, ist um ein Vielfaches höher. Zum Vergleich: In nur 30 Jahren, von 1982 bis 2012, gab es 497 tödlich verlaufende Angriffe von Hunden in Kanada und den Vereinigten Staaten von Amerika. Da kann man doch fast beruhigt durch die kanadische Wildnis wandern und sollte lieber doch nochmal seine Sorglosigkeit beim Gassigehen überdenken.

IN KANADA WIRD NOCH ZIVILISIERT GEJAGT UND GEANGELT

41
Jagdlizenz

Beim Thema Wildnis und wilde Tiere darf natürlich auch die Jagd nicht fehlen. Und ja, in Kanada gibt es sie noch, die richtigen Jäger und Sammler. Na ja, mehr Jäger als Sammler. Wobei sie schon auch sammeln, nur halt keine Pilze oder so was, sondern lieber Konsumgüter.

Bereits im zarten Alter von zwölf Jahren kann man in Kanada auf die Jagd gehen, wenn man in Begleitung eines Erwachsenen mit einer gültigen Jagdlizenz ist. Dafür gibt es eine spezielle *Junior Hunting License*. Der kleine Kevin soll ja möglichst früh lernen, was so einen richtigen Mann ausmacht, der autark leben und notfalls auch sein Essen jagen kann. Sollte das mit dem Jagen dann doch nicht ganz so erfolgreich sein, kann er ja immer noch zu McDonald's gehen. Rein theoretisch braucht er aber gar niemanden, wenn er das Jagen gelernt hat. Zu wissen, dass er im Notfall auf seine Jagdkünste zurückgreifen kann, reicht ihm vollkommen aus. Er muss es nicht unbedingt auch noch beweisen.

Jagen ist in Kanada streng reguliert. Man belegt einen Kurs für einen oder zwei Tage und schreibt dann eine Abschlussprüfung. Notfalls kann man den Kurs auch online machen. Wenn man bestanden hat, kann man sogenannte *tags* beantragen oder an deren Verlosung teilnehmen. Vereinfacht ausgedrückt, sind *tags* eine bestimmte Quote, wie viele Tiere von welcher Art in welchem Gebiet in der Jagd-Saison gejagt werden dürfen. Also mal ein Beispiel: Wenn man in Grande Prairie wohnt und die oberste Jagdbehörde in diesem Jahr zweihundert Wildschweine zur Jagd im Gebiet 589 freigibt, aber fünfhundert Leute ein Wildschwein jagen wollen, dann entscheidet das Los. Wenn man gezogen wird, bekommt man somit ein *tag* für ein Wildschwein im Gebiet 589. Wenn man dann auf der Lauer liegt und ein kapitaler Hirsch vorbeikommt, darf man nicht schießen – außer ein Foto vielleicht. Das fällt dann in die Kategorie »dumm gelaufen«, denn man hat schließlich ein Wildschwein-*tag* und kein Hirsch-*tag*.

Gut zu wissen

Indigenous people genießen aufgrund von Verträgen aus dem späten 18. Jahrhundert Sonderrechte bei der Jagd in freier Wildbahn. Sie dürfen das ganze Jahr hindurch jagen, nicht nur in der Jagdsaison. Im Norden Kanadas dürfen die Inuit sogar noch Wale jagen. Auch wenn es dafür strenge Auflagen gibt, wird die Waljagd nach wie vor kontrovers diskutiert.

Wem das Jagen doch ein bisschen zu brutal ist, wer aber dennoch gern an der frischen Luft ist, der kann sich auf einen anderen beliebten kanadischen Freizeitsport stürzen: *fishing* (also Angeln). Wie in diesem Land nicht anders zu erwarten, übt der Kanadier diese Beschäftigung am liebsten im Winter aus. War doch jetzt klar, oder? Dann nennt man das Ganze *ice fishing*. Man fährt los, sucht sich einen zugefrorenen See und bohrt kurzerhand ein Loch in die Eisdecke, in das man seine Angel hängt. Lebendköder sind übrigens verboten. Und entgegen sämtlicher sonstiger Darstellungen, die Sie eventuell aus Zeichentrickfilmen kennen, mit Dynamit darf man die Fische auch nicht aus dem See sprengen! Wir sind zwar im Wilden Westen, aber so wild ist er dann auch wieder nicht.

Ice fishing ist sehr beliebt – in ganz Kanada. Die elektronische Ausrüstung, die man sich dafür zulegen kann, hat insbesondere für Männer ihren Reiz. Wann sonst kann man sich eine Unterwasserkamera oder ein Sonarsystem anschaffen? Das Geld, das in diesen Sport investiert werden kann, ist beträchtlich. Manche Leute bauen sich auch Zelte oder sogar Hütten auf dem See um ihr gebohrtes Loch herum und stellen Sessel, Lampen, Herde und Heizöfen rein. Fast wie komplett eingerichtete Skihütten, vielleicht nicht ganz so komfortabel. Aber quälen muss man sich bei der Kälte schließlich nicht, oder? Der Kanadier hat es eben auch in der freien Wildbahn gern bequem und muckelig warm.

Übrigens

Eine etwas skurrile Variante des Eisfischens in Kanada ist das sogenannte *lazy man fishing* (wörtlich übersetzt: Fauler-Mann-Angeln). So nennt man es, wenn sich Angler mit ihren Trucks bei laufendem Motor auf den zugefrorenen See stellen und vom warmen Fahrzeuginnern aus angeln. Weit gefehlt, wenn Sie jetzt denken, die würden ihre Angel dabei aus dem Fenster hängen. Nee, da käme ja kalte Luft rein. Die Angel wird durch die Scheibe lediglich beobachtet, und sobald ein Fisch anbeißt, springt man raus und holt die Angel ein. So können selbst ganz verweichlichte Menschen am Winterangelsport teilnehmen. In Kanada wird eben keiner ausgegrenzt.

IN KANADA IST AUCH IM SOMMER WINTER

42

Klimaanlagen

Auch wenn er laue Sommernächte im Freien sehr genießt, kann es dem echten Kanadier nie kalt genug sein. Das ist Fakt. Nicht umsonst lautet eine gängige Frage in Kanada »*Is that cold enough for you now?*« (Ist das jetzt kalt genug für dich?).

Nachdem es sich im Sommer im Allgemeinen schwierig gestaltet, ein kaltes Fleckchen in Kanada zu finden (es sei denn, man geht ganz hoch in den Norden), muss dringend etwas gegen die grausame Hitze unternommen werden. In der Tat unerträglich kann es hier im Sommer werden. Alles über fünfundzwanzig Grad muss folglich künstlich bekämpft werden. Und was wäre da naheliegender als die Installation einer Klimaanlage? Wenn die Natur schon nicht beeinflusst werden kann, dann macht man sich seine Welt ganz einfach so, wie sie einem gefällt. Und das nicht nur in Firmen, Geschäften und öffentlichen Gebäuden, sondern selbstverständlich auch zu Hause. Sein Häuschen kann man mittlerweile für einen erschwinglichen Preis voll klimatisieren. Unbeschwert, schlau und auch ein bisschen ignorant ist der Kanadier da hinsichtlich der weltweit vorhandenen Klimaproblematik. An die Energie, die beim Betreiben dieser Anlagen verbraucht wird, denkt er nicht wirklich. Hauptsache, alles ist *comfortable*.

In Europa ist man da eher abgehärtet. Entweder beißt man sich durch, oder man hält in südlicheren Gefilden einfach eine etwas ausgedehnte Siesta. Aber lassen Sie mich den Ablauf anhand eines einfachen Beispiels kurz verdeutlichen. Folgendes Szenario: ein wirklich extrem heißer Sommertag in Deutschland, und man muss zur Arbeit, sagen wir mal, ins Büro. Pflichtbewusst schleppt man sich in sorgfältig ausgesuchter luftiger Sommerbekleidung dorthin. Nach kürzester Zeit wischt man sich den von der Stirn tropfenden Schweiß, während man tapfer auch bei über vierzig Grad auf seinem Stuhl am Schreibtisch sitzen bleibt (beziehungsweise auf selbigem zerfließt). Mitunter auch acht oder mehr Stunden am Tag. Oder notfalls eben bis zum Kreislaufkollaps. Not macht bekanntlich auch erfinderisch, und so bringt die Hitze den Erfindergeist des Deutschen zum Vorschein. Man hängt feuchte Tücher über Ventilatoren (sofern dieser Luxusartikel vorhanden ist), um wenigstens ein bisschen Abkühlung und Erleichterung zu bekommen. Am Ende des Arbeitstages geht man nach Hause in eine ebenfalls nicht klimatisierte Wohnung, braust sich kalt in der Dusche ab und hängt völlig im Eimer nur noch vor dem Fernseher auf dem Sofa ab, bevor man dann total ausgelaugt ins Bett fällt und die halbe Nacht nicht schlafen kann, weil das Schlafzimmerthermometer immer noch dreißig Grad oder mehr anzeigt.

Und wie sieht jetzt das gleiche Szenario in Kanada aus? Man steht auf, zieht sich an und geht ins Büro, am Feierabend macht man, was geplant war oder worauf man eben gerade so Lust hat. Ende der Geschichte. Ein Tag wie jeder andere. Der verweichlichte Kanadier drückt im Sommer einfach auf den Knopf. Nee, halt, stimmt gar nicht. Er muss nicht einmal den kleinen Finger bewegen, denn Klimaanlagen sind zumeist zentral geschaltet. Und Klimaanlagen gibt es überall. Wirklich überall. Bei der Arbeit, in öffentlichen Gebäuden, im Restaurant, im Supermarkt, im Kino und insbesondere natürlich im Auto. Einen nicht klimatisierten Raum muss man in Kanada wirklich suchen. Und das übrigens nicht nur im Sommer. Auch im Winter wird das Klima gerne künstlich erzeugt. Der Vorteil liegt klar auf der Hand: Das ständige Gejammer, wie kalt oder heiß es wieder ist, fällt dadurch komplett weg. Gut, man ist halt dauererkältet oder -verschnupft, aber ein bisschen Verlust hat man ja bekanntlich immer. Und lieber eine Schniefnase und Kratzstimme, als sich tapfer durch eine ohnehin nur wenige Wochen dauernde Affenhitze zu kämpfen. Da fehlt ihm halt doch die nötige Widerstandskraft, dem Kanadier.

Gut zu wissen

Wenn Sie bei dem Wort »Klimaanlage« an Anlagen wie in Deutschland oder Europa denken, vergessen Sie es besser gleich. Es geht in Kanada nicht darum, ein wohltemperiertes Ambiente zu schaffen. In erster Linie muss es kalt sein – eiskalt! In Kanada stehen die Klimaanlagen daher grundsätzlich auf »Antarktis«. Also stellen Sie sich darauf ein, dass Sie im Sommer in Kanada höchstwahrscheinlich frieren werden, wenn Sie sich irgendwo drinnen aufhalten. Kleiner Tipp am Rande: Packen Sie im Sommer immer eine Weste ein, die Sie notfalls überstreifen können, wenn Sie in ein Restaurant zum Essen gehen. Da ist Frieren nämlich an der Tagesordnung.

KANADIER MÖGEN RUHE NICHT SO GERN

43 Rasenmäher

Ein Sonntagmorgen im Sommer, irgendwo im ländlichen Kanada. Verschlafen dreht man sich im Bett noch mal von der einen auf die andere Seite, um ein bisschen weiterzudösen und den Vögeln beim Zwitschern zuzuhören. Die frische Morgenluft ist voller Sauerstoff, die Sonne spitzt schon durch den Vorhang und weckt einen sanft – ach, wie idyllisch! So schön könnte es sein. Könnte. Ist es aber nicht! Mööööhhhöööööhhhöööö, ein lautes, penetrantes Dröhnen lässt einen jäh aus dem Schlaf hochschrecken. Der Nachbar hat den Rasenmäher ausgepackt! Aufgrund der engen Bauweise (siehe Kapitel 44,

S. 195) ist das allerdings so, als würde der Lärmterror im eigenen Garten stattfinden. Gnadenlos wird um acht Uhr früh gemäht, was das Zeug hält. Ja, manchmal auch am Sonntag. Sonntagsruhe gibt es in Kanada nicht. Und dazu dann noch ein Rasentrimmer, mit dem unerbittlich auch der letzte Grashalm in den entlegensten Ecken des Zaunes aufgestöbert und fachmännisch geköpft wird. Die Schneide, die dabei fast durchgehend gegen den Holzzaun schlägt, weil man dieses Elektrogerät als Laie nur ganz schwer unter Kontrolle halten kann, macht ein extra lautes, peitschendes Geräusch. Sehr effektiv, diese Lärmmonster. Wenn man Glück hat, ist der Rasenmäher elektrisch und nicht mit Benzin betrieben, dann fällt wenigstens der Gestank weg, und der Lärm ist nicht ganz so ohrenbetäubend. Wenigstens so lange, bis der Rasentrimmer eingeschaltet wird. Wenn man ausgesprochenes Pech hat, hat der Nachbar einen Aufsitzrasenmäher. Horror!

Wenn Sie jetzt denken, dass es im Herbst oder Winter besser wird – Fehlanzeige. Jetzt geht es erst richtig los mit den motorisierten Arbeitsgeräten, die fast täglich zum Einsatz kommen. Endlich ist die Zeit gekommen, den *leaf blower* (Laubbläser) auszupacken. Und das nicht nur im Herbst zum Blätterwegpusten, wie der Name vermuten lassen würde. Da zeigt sich schnell, dass der Kanadier doch dem Fähnlein-Fieselschweif-Club angehört und eigentlich auch eine

Medaille als Lärmterrorist verdient hätte. Er hat nämlich herausgefunden, dass man das Ding praktischerweise auch den ganzen Winter über nutzen kann. So wird damit fortan der Schnee nicht nur von der Windschutzscheibe am Auto weggeblasen, sondern auch rund ums Haus herum und von der Einfahrt. Das funktioniert nicht nur wunderbar, sondern ist auch ein Mordsspaß, insbesondere bei Pulverschnee. Wenn der Laubbläser nicht mehr ausreicht, wird ein *snow blower* angeschafft – das ist dann die absolute Krönung an Lärm. Dann doch lieber der *leaf blower!*

Übrigens

Es gibt einige weitere interessante Verwendungsmöglichkeiten für einen *leaf blower.* So mancher Kanadier nutzt ihn nämlich auch, um sein Auto sauber zu machen. Vorbei die Zeiten, in denen man stundenlang mit Staubtuch, Cockpitspray und Staubsauger durch das Auto und unter die Sitze gekrochen ist. Jetzt drückt man auf den Knopf und pustet den ganzen Dreck, inklusive den im Kofferraum, einfach rucki, zucki weg. Effektiv. So wird aus einem Stundenjob eine Minutensache.

Aber muss das denn wirklich sein? Ständig dieser Lärm? Kann man nicht auch einfach einen Scheibenkratzer, einen Besen und eine Schneeschaufel benutzen? Kann man schon. Macht man aber nicht. Das artet ja sonst auch in Arbeit aus. Einen guten alten Besen, mit dem man mal den Hof oder Gehsteig kehrt, sieht man hier so häufig wie Eisbären in Afrika.

Warum Kanadier sich so wenig an Lärm stören, verstehe ich bis heute nicht so wirklich. Dennoch habe ich eine Theorie zur Lärmthematik. Ich denke, dass sich das in etwa so verhält wie mit unseren Haaren: Wer glatte Haare hat, möchte lieber Locken, und wer Locken hat, hätte doch viel lieber glatte Haare. So ist das mit dem Lärm. Die Ruhe, die hier nicht zuletzt aufgrund der Weite des Landes und der niedrigen Bevölkerungszahlen herrscht, wird auf Dauer einfach zu langweilig, und man sehnt sich folglich nach ein bisschen auditiver Abwechslung.

ES WIRD ENG IM WEITEN KANADA

44

Baugrundstücke

Häuser in kanadischen Wohngebieten sind sehr eng nebeneinander gebaut. Viel zu eng, was auf den ersten Blick auch gar nicht wirklich nachvollziehbar ist. Das im Überfluss vorhandene Platzangebot angesichts der unglaublichen Größe dieses Landes wird da einfach komplett ignoriert. Allein die Provinz Alberta ist fast doppelt so groß wie die Bundesrepublik Deutschland. Jetzt ist dabei zu berücksichtigen, dass in Alberta auf dieser gesamten Fläche gerade mal gut vier Millionen Menschen leben. Da bekommt man Luft, sollte man meinen, denn das Platzangebot ist nicht nur groß, sondern im wahrsten Sinne des Wortes unüberschaubar. Umso unsinniger erscheint es da, beim Hausbau in den Wohngebieten typischerweise nur eineinhalb Meter Platz zum Nachbarn zu lassen. Eine logische Folge aus dieser Nähe ist das im vorherigen Kapitel geschilderte Lärmproblem. Aber ein Schelm, wer Böses dabei denkt und hinter diesem Enge-Konzept einen kapitalistischen Gedanken vermutet. Oder ist es hier etwa auch so, dass es – wie bei vielen anderen Dingen auf der Welt – allein um die Vermehrung von Geld oder kurz Gier geht? Fragen Sie doch mal einen Bauträger oder Grundstücksverkäufer. Die werden einen solchen Vorwurf aufs Schärfste zurückweisen. Man kann sich schließlich wesentlich wortgewandter ausdrücken und, wenn man überhaupt einen Kommentar dazu abgibt, das Ganze schlichtweg als »Gewinnmaximierung« abtun.

Meine (zugegeben wesentlich naiv-optimistischere) Theorie hingegen ist, dass man in Kanada selbstredend der Natur den Vorrang zur Entfaltung lässt. Lieber sollen die Menschen etwas eingeschränkter leben und mal ein bisschen dichter zusammenrücken. Schadet doch auch nicht. Und im Grunde unseres Herzens kuscheln wir doch eigentlich alle auch sehr gerne, oder? Typisch kanadische Wohngebiete bestätigen diese Vermutung jedenfalls. Direkt hinter zahlreichen Häuserreihen befindet sich im Normalfall ein künstlich angelegter Teich, ein *stormwater manage-*

ment pond, wie man ihn hier nennt, mit hübsch bepflanzten Grünflächen und einem Spazierweg rundherum. Dort kann man täglich bequem seine Runden spazieren und auch seinen Hund Gassi führen. Dieser Teich hat gleichzeitig die praktische Funktion, dass er die Anwohner vor Überflutung bei starken Regen- oder Schneefällen schützt. In dieser »grünen Oase« kann man die kanadische Flora und Fauna zu allen Jahreszeiten direkt vor der Haustüre erleben und hautnah in vollen Zügen genießen. Kojoten und *Canada geese* (kanadische Wildgänse) sind hier die Haupttouristen. Äußerst selten sieht man dann auch mal einen Kanadier auf dem Teich, der meint, er müsse (verbotenerweise) seinen dreijährigen Sohn mit einer Fahrt im aufblasbaren knallroten Paddelboot bespaßen.

Längst hat man herausgefunden und in zahlreichen Studien wissenschaftlich nachgewiesen, dass sich der Aufenthalt in der Natur positiv auf unsere Gesundheit und unser Wohlbefinden auswirkt. Sowohl die Psyche als auch der Körper profitieren bereits von nur zwanzig Minuten im Grünen. Bei den Kanadiern scheint diese Erkenntnis auch tatsächlich angekommen und entsprechend umgesetzt worden zu sein. Da opfert man doch liebend gerne ein paar Quadratmeter vom eigenen Grund und Boden, wenn man im Gegenzug so viel Natur und Wohlbefinden dafür bekommt, oder?

Harte Fakten

- Kanada hat eine Fläche von 9,98 Millionen Quadratkilometern und 37,5 Millionen Einwohner, das heißt 4 Einwohner pro Quadratkilometer.
- Deutschland ist 357.386 Quadratkilometer groß und hat 83 Millionen Einwohner, das heißt 232 Einwohner pro Quadratkilometer.
- Die Provinz Alberta hat eine Fläche von 661.848 Quadratkilometern und 4,3 Millionen Einwohner, das heißt 6,5 Einwohner pro Quadratkilometer.
- Bayern ist 70 550 Quadratkilometer groß und hat 13 Millionen Einwohner, das heißt 186 Einwohner pro Quadratkilometer.
- Und im mit über 17,5 Millionen bevölkerungsreichsten Bundesland NRW waren es 2020 stolze 525 (!) Einwohner pro Quadratkilometer.

KANADIER SIND MIESE MIETER UND MESSIES

45

Mietverhältnisse

Um am grünen Wohnerlebnis teilnehmen zu können, muss man kein Hausbesitzer sein. Man kann auch gerne mieten, wobei das bei Kanadiern – zumindest außerhalb von Großstädten – absolut nicht beliebt ist. Wer nicht in einer der zumeist völlig überteuerten Metropolen lebt, gönnt sich in der Regel den Luxus und kauft lieber sein eigenes Häuschen am Stadtrand oder auf dem Land. Das hat vielerlei Gründe, in erster Linie geht es wohl um die freie persönliche Entfaltung und natürlich um Platz. In der Stadt klebt man hingegen Wand an Wand mit dem Nachbarn, da gibt es nicht einmal mehr die mageren eineinhalb Meter Abstand zwischen den Häusern.

Wenn es ums Mieten geht, ist es gut zu wissen, dass die meisten Kanadier – zugegeben etwas übertrieben ausgedrückt – Messies sind und so ziemlich alles aufheben, was sie im Laufe ihres Lebens angeschafft haben. Auch sie sind Opfer der Konsumgesellschaft. Mit großer Wahrscheinlichkeit hat man also einen chaotischeren Menschentyp als Mieter und Nachbarn, und das kann durchaus unangenehm werden. Insbesondere die vollgemüllten Garagen sollten Sie mal sehen! Oder nein, besser nicht, ersparen Sie sich den Anblick lieber. Egal in welcher Nachbarschaft man sich umsieht, es gibt sie überall: die Nachbarn, bei denen man von außen gar nicht sehen kann, was hinten in der Garage noch so alles steht. Ach, was sage ich, man kann in den meisten Fällen nicht einmal bis zur Mitte der Garage schauen. Alles zugestellt mit Kisten, Fahrrädern, Heimtrainern, Gartengeräten, Kinderspielzeug, Benzinkanistern, Schlitten, meterhoch gestapelten alten Zeitungen, Hausmüll und allem, was man sich sonst so vorstellen kann – ein buntes Sammelsurium, in dem man alles findet, bloß kein Auto! Da stehen einem ordnungsliebenden Deutschen direkt die Haare zu Berge.

Ansonsten sind kanadische Mieter auch alles andere als penibel. Wenn sie nämlich mit Hund, Katze und Kind einziehen, ist es leider keine Selbstverständlichkeit, dass sie gut auf das Eigentum des Vermieters aufpassen. Dabei sei noch erwähnt, dass Haustiere in Kanada meist in Paaren gehalten werden. Der tierliebe Kanadier möchte ja, dass Bello und Mizi nicht allein sind. Zum leidigen Putzen hat man dann in der Regel keine Zeit mehr. Und Lust darauf schon gleich gar nicht. Man hat Wichtigeres zu tun und muss sich schließlich fürsorglich um die vielen Hausbewohner kümmern. Sollte man sich dann aber doch zum Putzen überwinden können (oder müssen, weil der Dreck zu viel wird), dann ist auch hier zumeist *»good enough«* der Standard. Der Kanadier hat nun mal andere Prioritäten. Zum Glück gibt es professionelle Reinigungsdienste, die dann beim Auszug eines Mieters noch mal eine Endreinigung vornehmen und sich allergrößte Mühe geben, nicht nur die unzähligen Flecken unklarer Herkunft, sondern auch den beißenden Ammoniakgeruch des im gesamten Teppichboden verbliebenen Katzenurins endgültig zu beseitigen. Und im Frühjahr vor der ganz großen Schneeschmelze sieht man schon mal Studenten im Garten des Nachbarn, die die über den Winter angehäuften Hundekothaufen akribisch aufsammeln, damit die Bewohner des Hauses selbst auch wieder Freude an ihrem Garten haben können. Wozu sich selbst so viel Arbeit machen, wenn es doch einen entsprechenden »Räumdienst« dafür gibt?

Man sollte eigentlich meinen, dass Freiheit und Flexibilität eher in einem Mietverhältnis zu finden sind, aus dem man sich notfalls ganz schnell wieder lösen kann. Aber weit gefehlt. Daraus lösen kann sich ja nicht nur der Mieter, sondern auch der Vermieter – und das schränkt den Kanadier dann doch massiv in seiner Zukunftsplanung ein. Man weiß ja nie, ob man sich nicht doch unfreiwillig eine neue Bleibe suchen muss. Und ein Haus ist in Kanada schnell gekauft.

Gut zu wissen

Mietverträge sind zumindest in Alberta fast immer befristet auf ein Jahr und werden dann im Bedarfsfall und »bei guter Führung« entsprechend um ein weiteres Jahr verlängert. Unangenehme Mieter wird man als Vermieter schnell ganz legal und relativ mühelos wieder los. So etwas wie Mietnomaden trifft man folglich in Kanada eher selten an.

KANADIER KÖNNEN OHNE STRESSTEST KEIN HAUS MEHR KAUFEN

46
Hausbesitzer

Nachdem der Kanadier, wie wir im vorigen Kapitel gelernt haben, ein miserabler Mieter ist und folglich der Hauskauf ganz oben auf seiner Prioritätenliste steht, geht es nun ans Rechnen. Vorausgeschickt sei an dieser Stelle, dass die Verschuldung der Bürger in Kanada extrem hoch ist.

Wie kann denn ein fünfundzwanzigjähriger Durchschnittsverdiener überhaupt ein Haus finanzieren, mag man sich fragen. Ganz einfach: indem er furchtlos und ein bisschen ahnungslos zugleich ist. In Kanada macht man einfach mal. Bei der Bank lässt man sich ausrechnen, wie hoch das gewährte Darlehen für den Hauskauf, die *mortgage*, sein wird. Das hängt natürlich von der Kreditwürdigkeit ab. Dann braucht man noch etwas Eigenkapital. In Kanada ist dieser Anteil extrem niedrig, und man muss als Hauskäufer nur fünf Prozent des Kaufpreises als Anzahlung für das begehrte Kaufobjekt aufbringen. Bei einem Haus im Wert von einer halben Million kanadischen Dollar sind das gerade mal schlappe 25.000 Dollar. Dieser Prozentsatz gilt für alle Häuser bis 500.000 Dollar.

Aber

2017 wurde von der kanadischen Regierung ein sogenannter *stress test* für Leute eingeführt, die zum allerersten Mal ein Haus kaufen beziehungsweise finanzieren wollen. Nachteilig wirkt sich das in erster Linie natürlich für die jüngere Bevölkerung aus. Dieser Test ist eigentlich kein Test, sondern besteht schlichtweg aus strengeren Auflagen bei der Kreditvergabe. So soll verhindert werden, dass sich die ohnehin gnadenlos überschuldeten Kanadier in noch tiefere Schulden stürzen, indem sie ein zu hohes Darlehen für ein Haus aufnehmen. Zum besseren Verständnis der Schuldensituation, hier noch eine Zahl aus der Schuldenstatistik: Die Verschuldung der privaten Haushalte ist in den vergangenen Jahren auf unglaubliche 175 Prozent des verfügbaren Jahreseinkommens gestiegen, das heißt Kanadier schulden im Schnitt 1,75 Dollar für jeden Dollar, den sie einnehmen und nach Abzug von Steuern zum Ausgeben zur Verfügung haben. Und das sind erst die Zahlen des letzten Quartals 2020. Man muss kein Hellseher sein, um vorhersagen zu können, dass diese Verschuldung der privaten Haushalte nach massiven Arbeitsplatzverlusten aufgrund der Pandemie und munter weiter steigenden Hauspreisen nochmals signifikant ansteigen dürfte.

Wenn man der Statistik glauben kann, zieht der erwachsene Kanadier im Schnitt alle fünf bis sieben Jahre um. Ein Blick auf die US-amerikanischen Nachbarn zeigt aber, dass die dort keinen Deut besser sind, denn laut US Census Bureau (das entspricht in etwa dem Statistischen Bundesamt in Deutschland) ziehen sie durchschnittlich 11,7-mal (!) im Leben um. Und das betrifft nicht nur Mieter, sondern insbesondere auch Hausbesitzer.

Bei einer Umfrage, die ein kanadisches Immobilienunternehmen im Jahr 2012 durchführte, gaben achtundzwanzig Prozent der Befragten an, alle fünf Jahre in ein neues Haus umzuziehen. Vierzehn Prozent sagten sogar, sie würden jedes Jahr (!) ein neues Heim beziehen. Der pure Graus für einen sesshaften Deutschen! Den Ausspruch »Immobilien machen immobil« hat man in Kanada offensichtlich noch nicht gehört und hält sich folglich auch nicht daran. Da drängt sich die Frage auf, ob dieser überschwängliche Umzugs-Hype nicht eventuell ganz erheblich zur übermäßigen Verschuldung vor allen Dingen bei jungen kanadischen Familien beiträgt? »*You betcha!*« (übersetzt: »darauf kannst du wetten«), würde ein kanadischer Schuldnerberater auf diese Frage wohl antworten.

Übrigens

Ein wesentlicher Grund für die ungetrübte Umzugsfreude der Kanadier liegt sicher auch darin, dass Häuser und Wohnungen bereits mit den wichtigsten Gegenständen ausgestattet sind. Das macht den Umzug super einfach und unkompliziert. So sind im Normalfall Waschmaschine, Trockner und Kühlschrank bereits fest installiert. Diese müssen auch nicht abgelöst werden, sondern sind im Miet-/Kaufpreis enthalten. Von dem Konzept, selbst eine komplette Küche in die Wohnung einbauen zu müssen, hat man in Kanada noch nie etwas gehört. Wenn man das als Deutscher erzählt, erzeugt es beim kanadischen Gegenüber doch eher ungläubiges Kopfschütteln. So viel Verkomplizierung einer so einfachen Angelegenheit wie dem Umziehen kann der Kanadier nicht wirklich nachvollziehen.

DAS KANADISCHE HÄUSCHEN BESTEHT KEINEN WOLF-PUSTE-TEST

47

Holz und Pappe

Kommen wir somit zum eigentlichen Miet- oder Kaufobjekt. Wenn man ein kanadisches Haus einmal genauer unter die Lupe nimmt, ist das sehr ernüchternd. Es besteht vorwiegend aus Holz und Pappe. *Gelump*, wie der Bayer sagt. Das kann ja keinen Bestand haben, oder? Beim »Wand-Klopf-Test«, den insbesondere Deutsche äußerst gerne durchführen, wenn sie ein kanadisches Haus betreten, um zu überprüfen, ob das auch »was G'scheites« ist, fällt das kanadische Häuschen mit Bravour durch. Ein hohles Geräusch kommt da beim Klopfen gegen die Wand. Das wiederum bedeutet, hier gibt es alles andere als solide Mauern, die auch nach Jahrhunderten noch unverwüstlich Wind und Wetter trotzen und den Kindern, Enkeln und am liebsten auch noch den Urenkeln erhalten bleiben. Alles nur Holz, Gipsplatten und Plastik. Ach ja, und die Fenster sind auch eine Zumutung. Die kann man nicht einmal normal aufmachen, um die Betten am Morgen auszuschütteln. Zum Öffnen kann man sie zur Seite schieben, und dann schaut man direkt auf ein Fliegengitter. Irgendwie eingesperrt ist man da, wie im Käfig. Außenrollläden gibt es auch nicht. Nix Solides weit und breit. Beton findet man lediglich in der Bodenplatte und den Kellerwänden. Die Außenfassade besteht zu allem Überfluss komplett aus übereinandergelegten Plastiklamellen. Direkt darunter befindet sich eine abenteuerlich festgetackerte Folie, in die das gesamte Haus eingewickelt ist. Man kann sich das in etwa so vorstellen wie beim Verpackungskünstler Christo, nur ohne künstlerische Komponente. Für deutsche Augen ist eine kanadische Baustelle, auf der mit einem überdimensionalen Tacker gearbeitet wird, doch eher gewöhnungsbedürftig und wird bestenfalls mit einem ungläubigen Kopfschütteln kommentiert. Unwahrscheinlich, dass man in so einem hastig zusammengeklöppelten Haus gut leben kann, oder?

Umso erstaunlicher ist es dann, wenn man darin wohnt und feststellt, dass man selbst bei minus vierzig Grad im Winter noch eine wohlige Wärme im Haus halten kann. Das kann ich aus eigener Erfahrung bestätigen. Gut, im Gegensatz zu einigen anderen Provinzen wie Ontario, British Columbia oder den maritimen Provinzen an der Ostküste herrscht in Alberta auch eine andere Kälte. Es ist sehr trocken, und deshalb kann die nicht vorhandene Feuchtigkeit auch nicht durch das nicht vorhandene Gemäuer und somit auch nicht in die Knochen kriechen. Ein netter Nebeneffekt ist, dass es modrig-muffig riechende Luft in Innenräumen folglich gar nicht gibt. Es sei denn, der Hausherr hat ein munteres Potpourri an Haustieren und lüftet nur selten. Aber zurück zur Bausubstanz. Auch Stürmen, Gewittern und sonstigen Wetterphänomenen halten diese »unsoliden« Häuser überraschenderweise hervorragend stand. Die Dächer werden in der Regel nicht abgedeckt, wenn ein Sturm vorüberfegt, da die Dachziegel festgenagelt und nicht wie in Deutschland aus Ziegelstein, sondern aus Bitumen gemacht sind. Sehr robust. Diese sogenannten Bitumenschindeln bestehen aus einer Trägerschicht aus Glasvlies, auf die beidseitig Bitumen aufgebracht worden ist, und einer Deckschicht aus einem Mineralgranulat. Sie schützen somit vor Regen, Schnee und Hitze. Diese Dachschindeln sind unverrottbar und haben je nach Witterungsverhältnissen eine Lebensdauer von fünfundzwanzig bis fünfunddreißig Jahren. Bei den rauen klimatischen

Verhältnissen in Kanada ist das eine echte Meisterleistung. Während sie in Kanada das Standarddach darstellen, werden Bitumenschindeln in Deutschland eher selten und wenn überhaupt, dann bei Gartenhäusern und Geräteschuppen genutzt.

Gut zu wissen

Eine heizfreie Periode von April bis Oktober, wie man sie aus Deutschland kennt, gibt es in Kanada nicht. Das wäre allein schon wegen des unbeständigen Wetters unzumutbar. Hier wird rund um das ganze Jahr geheizt. Die Häuser kühlen dadurch nicht so schnell aus. Die Holzkonstruktion mit Dämmstoffen hält zudem länger warm als gemauerte Wände. Folglich braucht man wesentlich weniger Energie, um so ein Häuschen im Herbst oder Winter dann wieder hochzuheizen. Ein echter Luxus ist es, wenn es, egal in welchem Monat im Jahr, immer schön kuschelig warm ist.

KANADA MACHT SEINE KUNDEN ENTSCHEIDUNGSUNFÄHIG

48

Kaufverhalten

In Kanada Kunde zu sein, egal wo, trägt maßgeblich dazu bei, dass man sein Hirn überhaupt nicht mehr einschalten muss. Jedem noch so abstrusen Kaufimpuls kann bedenkenlos auf der Stelle nachgegeben werden. Großer Vorteil gegenüber dem Online-Shopping ist, dass der Kunde alles direkt im Laden schon mal anfassen und genauer beäugen kann. Da überlegt der Kanadier auch gar nicht lange, ob er eine Sache wirklich braucht oder sich leisten kann. Muss er nicht. Er nimmt erst einmal mehrere Sachen mit nach Hause und entscheidet dort in aller Ruhe, was er letzten Endes behalten möchte.

Extrem kundenfreundlich ist das. Folglich wird gekauft, was das Zeug hält. »Shop till you drop«, wie der Kanadier sagt. Ich erkläre Ihnen gleich, warum.

Was man allgemein unter *customer service* versteht, existiert in Kanada nicht nur auf dem Papier beziehungsweise in der Theorie, sondern wird in vollen Zügen gelebt. Der kanadische Kunde hat (fast) immer recht und wird dementsprechend verhätschelt und vertätschelt. Völlig irrational trifft er selbst die unsinnigsten Kaufentscheidungen, weil er weiß, dass er die gekauften Sachen sowieso problemlos wieder zurückbringen kann und auch anstandslos sein Geld wieder zurückbekommt, falls er es sich später anders überlegen sollte. Dabei geht der Umtauschmarathon stets ohne Murren oder argwöhnisches Nachhaken des Mitarbeiters in der Reklamationsabteilung über die Bühne, sondern stets mit einem Lächeln und nicht selten auch noch mit einem bestätigendem, verständnisvollen Kommentar.

Im endlosen Konkurrenzkampf um die Gunst – und natürlich das Geld – des verehrten Kunden, wird praktisch alles umgetauscht und zurückerstattet, was man sich nur vorstellen kann. Selbst Lebensmittel. Nichts ist unmöglich. Wenn man zum Abendessen *bacon* (Speck) eingekauft hat und die kleine Priscilla doch lieber Spaghetti haben will, bringt man den *bacon* einfach wieder zurück. Selbstverständlich wird das dann nicht weiterverkauft (es handelt sich schließlich um Lebensmittel, und die

Kanadier sind sehr auf Hygiene aus), sondern einfach weggeworfen. Ohne großes Trara. Man muss teilweise nicht einmal sagen, warum man etwas zurückbringt. Der Zustand, in dem sich so manche zurückgegebenen Waren teilweise befinden, ist himmelschreiend. In Deutschland würde man sich im ganzen Leben nicht trauen, so etwas zurückzubringen beziehungsweise umzutauschen. Der Kanadier ist da wirklich schmerzfrei.

Übrigens

Ich konnte mal eine Winterjacke umtauschen, weil ich sie falsch gewaschen und die fellbesetzte Kapuze dabei ruiniert hatte. Als ich beim Hersteller lediglich die Kapuze nachbestellen wollte, sagte man mir, ich solle die Jacke gleich mit zurückschicken, weil man sie mir komplett ersetzen wollte. Die Begründung dafür war, dass auf dem Etikett nicht explizit erwähnt war, dass man die Kapuze vor dem Waschen abnehmen sollte. Somit war der Hersteller Schuld, und ich durfte mir eine nagelneue Jacke des nächstbesseren Modells aussuchen, weil mein Modell nicht mehr verfügbar war. Da wurde mir schlagartig bewusst, dass ich in einer Welt lebe, die auf den Kopf gestellt ist. Das Universum funktioniert manchmal auch andersherum, als es eigentlich sollte, denn zum ersten Mal in meinem Leben wurde ich in der Tat für meine eigene Dummheit belohnt anstatt bestraft. Das nenne ich doch mal *customer service!*

Zu guter Letzt hätte ich an dieser Stelle noch ein weiteres unglaubliches Beispiel für besonders tollen *customer service*. Wenn man bei einem bestimmten kanadischen Supermarkt einen Artikel aus dem Regal nimmt, der mit dem falschen Preis ausgezeichnet ist, wird der Preis nicht logischerweise an der Kasse korrigiert, sondern man muss ihn schlichtweg überhaupt nicht bezahlen! Man bekommt die Ware einfach geschenkt. Wo gibt es denn so was?! Ein Paradies für Schwaben, könnte man jetzt spöttisch behaupten. Da *fühlt* man sich als Kunde nicht nur wie ein König, da *ist* man tatsächlich einer.

AUF TANTE EMMA STEHT MAN IN KANADA GAR NICHT

49
Shopping Malls

Dem Kanadier bietet sich in der Regel ein großes Freizeitangebot, das er bei entsprechender Witterung am liebsten draußen wahrnimmt. Wenn er sich mal weniger aktiv fühlt oder das Wetter einfach mies ist, muss er sich notgedrungen auf vorhandene Indoor-Aktivitäten beschränken. Ein gerne in Anspruch genommener Zeitvertreib, nicht nur bei schlechtem Wetter, ist das Einkaufen in Shopping Malls – oder zumindest ein Schaufensterbummel durch selbige. Diese meist überdimensionierten Einkaufszentren befinden sich entweder mitten in der Stadt und damit für jedermann leicht erreichbar oder am Stadtrand, um auch für die Außenbezirke zugänglich zu sein. Sie sind in der Regel täglich (auch sonntags!) geöffnet.

Alberta muss sich da als Ober-Angeber-Provinz mal wieder besonders aus dem Fenster lehnen: Hier steht die größte Mall Nordamerikas (und die sechstgrößte der Welt), die West Edmonton Mall oder kurz WEM. Sie zieht jährlich circa dreißig Millionen Besucher an und beherbergt neben über achthundert Geschäften auch zwei Hotels und zahlreiche Restaurants. Dieser Komplex ist riesig und übersteigt die Vorstellungskraft dessen, was man sich unter einer Mall vorstellt. Man muss es tatsächlich gesehen haben, um es zu glauben. Der erste Besuch ist angesichts der atemberaubenden Dimensionen nahezu furchteinflößend. Bereits der Parkplatz lässt das Ausmaß des bevorstehenden Shopping-Erlebnisses erahnen. Der Alptraum aller Ehemänner. Egal wie viel man im Vorfeld über die WEM gelesen hat: Auf das, worauf man in der Mall trifft, ist man definitiv nicht vorbereitet. Man fühlt sich wie ein Kind im Spielzeugladen. Hier gibt es nicht nur eine Eisbahn, einen Minigolfplatz, ein Kino, ein Casino, drei Radiosender und das weltgrößte Wellenbad, sondern obendrein noch einen rekordverdächtigen Vergnügungspark mit Achterbahn und diversen anderen Fahrgeschäften sowie ein ganzes Schiff. Ja, Sie haben richtig gelesen. Ein Schiff. Es handelt sich dabei um den detailgetreuen Nachbau der *Santa Maria*, mit der Christopher Columbus 1492 Amerika entdeckte. Man kann die Abenteuerkulisse auf diesem »Piratenschiff« sogar für private Veranstaltungen wie zum Beispiel Hochzeits- oder Geburtstagsfeiern mieten. Dazu passend gibt es das Marine Life, wo man neben Haien und Schildkröten auch Robben bestaunen kann. Zudem kann man Interessantes zur Unterwasserwelt und deren Bewohnern lernen.

Harte Fakten

- WEM-Gesamtfläche: 492.000 Quadratmeter, Verkaufsfläche: 350.000 Quadratmeter
- Weltgrößter Indoor-Freizeitpark
- Weltgrößte Dreifach-Indoor-Looping-Achterbahn
- Weltgrößte Parkplatzfläche (> 20.000 Parkplätze und zusätzlich 10.000 Ausweichparkplätze)
- Die Komödie *Chaos unterm Weihnachtsbaum*, in der Patrick Swayze in seiner letzten Rolle zu sehen ist, wurde 2007 in der WEM gedreht

Ein weiteres Highlight ist die Bourbon Street (oder BRBN Street). Eine Straße innerhalb der Mall, auf der sich fünfzehn Restaurants befinden, die so ziemlich alle Geschmäcker abdecken dürften. Alles hier ist im New-Orleans-Stil gehalten, und mit der gedimmten Beleuchtung soll eine gemütliche Abendatmosphäre simuliert werden. Die BRBN Street ist so in die WEM integriert beziehungsweise abgetrennt, dass man auch nach Ladenschluss noch zum Essen gehen kann. Wem das Ambiente oder die Auswahl hier nicht gefallen sollte, der dürfte in den circa einhundert weiteren Restaurants in der Mall auch noch etwas Essbares finden.

Die WEM kann man zwar an einem Tag durchlaufen – vorausgesetzt, man hat die richtigen Schuhe dazu an –, aber um sie wirklich genießen zu können, sind sicherlich mehrere Tage Aufenthalt nötig. Die WEM ist nicht nur für Einheimische das ganze Jahr hindurch ein gerne angesteuertes Ausflugsziel an regnerischen, eisig kalten oder besonders heißen Tagen (ein Hoch auf die Klimaanlagen!).

Nach all den oben genannten Superlativen wird dann auch klar, dass ein kleiner familienbetriebener Tante-Emma-Laden mit so viel Prunk und Glorie nicht mithalten kann. Und wir Verbraucher wollen ja schließlich auch bespaßt werden und einen gewissen Luxus genießen, um uns vom täglichen Einerlei abzulenken. Frei nach dem Motto: je oller, je doller. Kein Wunder also, dass die eher praktischen und wenig glamourösen »Tante Emmas« inzwischen so gut wie ausgestorben sind. In Ontario soll es angeblich noch ein paar wenige geben. Allerdings konnte ich bisher an den von mir bereisten Orten in Kanada keine finden – auch nicht in entlegeneren ländlichen Gebieten.

Praxistipp

Wenn Sie die Möglichkeit haben, eine Nacht in Edmonton zu verbringen, dann gönnen Sie sich doch mal etwas ganz Außergewöhnliches. Ein echtes Erlebnis ist ein Aufenthalt in der West Edmonton Mall im Fantasy Hotel, einem Vier-Sterne-Hotel mit sogenannten Themenzimmern. Hier gibt es vom römischen Zimmer bis zum Piraten-, Western-, Iglu-, Weltraum-, Hollywood- und Afrika-Zimmer eine wirklich fantastische Auswahl. Themenzimmer gibt es in normaler Ausführung oder in der Luxusvariante. Für die Truck-Zimmer wurden echte Ford-Trucks per Kran in das Hotel eingehoben. Die Ladefläche wurde dabei zum Bett umfunktioniert. Diese Zimmer wurden um die Trucks herum gebaut. Mehr »mittendrin statt nur dabei« geht wirklich nicht!

KANADIER LÄSST MAN EINFACH NICHT LAUFEN

50

Gemeinschaftsparkplätze

Um das gleich richtigzustellen, ich spreche hier nicht vom sportlichen Laufen wie beispielsweise Joggen oder zügiges Spazierengehen, sondern ich meine das Laufen von Punkt A nach B. Vorzugsweise mit dem Zweck, etwas zu erledigen. Einkaufen zum Beispiel.

Dem bedauernswerten Kanadier gibt man keine Gelegenheit zum Laufen. Da kann man lange suchen. Zwecklos. Die unendliche Weite Kanadas ist da wirklich hinderlich und definitiv mitschuldig an diesem desolaten Zustand. Wenn die nächste Einkaufsmöglichkeit drei Kilometer weit entfernt ist, überlegt man sich schon, ob man bei minus zweiundzwanzig Grad seinen Parka, den Schal und zwei Paar Handschuhe anzieht und losläuft. Nee, nicht wirklich.

Aufgrund der Tante-Emma-Feindlichkeit in diesem Land (siehe vorheriges Kapitel, S. 215) war man anscheinend gezwungen, sich eine ausgefuchste Alternative auszudenken. Möglichst viele Einkaufsmöglichkeiten für alle möglichen Bedürfnisse mit Zugang für die größtmögliche Anzahl an Menschen. Ein Ort, an dem man sich die Haare schneiden lassen, Lebensmittel einkaufen, Bankgeschäfte erledigen und anschließend lecker im Restaurant essen gehen kann. »Heureka!«, das Konzept der *strip malls* war geboren. Simpel und effizient! Das hat keinen wissenschaftlich fundiert recherchierten Hintergrund, sondern ist nur meine ganz persönliche Theorie. *Strip malls* sind Open-Air-Einkaufszentren mit Geschäften, die in einer langen Reihe hintereinander angeordnet sind und sich einen riesigen Gemeinschaftsparkplatz teilen, damit die Wege auch wirklich super kurz sind. Sie liegen fast immer an vielbefahrenen Hauptstraßen, um möglichst viele Menschen anzuziehen. Da vielbefahrene Hauptstraßen meist nicht direkt an Wohngebiete anschließen, ist der bemitleidenswerte Kanadier gezwungen, sich wie so oft in sein Auto zu setzen. Man lässt ihn einfach nicht laufen! Das darf er nicht.

Übrigens

Der Inbegriff der Bequemlichkeit oder der Gipfel des Luxus, je nachdem von welcher Seite man es betrachtet, ist beim Thema Supermarkteinkauf der neueste Schrei namens *click & collect*. Da wird sich per Internet durch die Lebensmittelabteilung (oder Drogerie-, Porzellan-, Mode- oder Haushaltsabteilung) geklickt und ausgesucht, was man gerne haben möchte. Die so entstandene Einkaufsliste wird elektronisch an einen Mitarbeiter im Supermarkt weitergeleitet. Der schnappt sich einen Einkaufswagen, rennt damit durch die Regale und sammelt die vom Kunden ausgewählten Waren ein. Heutzutage lässt man einkaufen, da spart man sich das ganze Rumgerenne und Gedöns. Man fährt nur noch auf einen eigens für *click-&-collect*-Kunden reservierten Parkplatz vor dem Supermarkt, wo einem der nette Supermarktmitarbeiter die sorgfältig in Tüten eingepackten Waren direkt ans Auto bringt und bei Bedarf auch gleich noch in den Kofferraum lädt. Bezahlt wird bequem per Kreditkarte aus dem Autofenster heraus am tragbaren Kreditkartenlesegerät. Im Idealfall hat der Kunde ein Auto, dessen Kofferraumdeckel automatisch aufgeht, dann muss er nicht mal mehr aus dem Auto steigen, um seine Einkäufe zu erledigen. Ist das nicht das Paradies? Nicht nur in COVID-Zeiten war dieses Konzept ganz besonders beliebt. Auch Mütter mit Kindern können so quengelfrei den Einkauf erledigen.

Steckt hinter all dieser Lauf-Feindlichkeit ein tieferer Sinn beziehungsweise verfolgt dieses Konzept gar ein übergeordnetes Ziel? Da kommen mir als klinisch (noch) nicht behandlungsbedürftigen paranoiden Deutschen doch alle möglichen Verschwörungstheorien in den Sinn. Will man ihn etwa aussterben lassen, den netten Kanadier? Sitzen ist ja bekanntlich das neue Rauchen. Rauchen hab ich gesagt, nicht kiffen. Kiffen ist gesund, sagt die Marihuana-Lobby. Oder ist es ihm am Ende gar nicht so unrecht, dass er nicht laufen darf? Bequem will man es schließlich haben in diesem ohnehin super stressigen Leben. Da ist Laufen ja geradezu eine Bestrafung. Für die meisten Kanadier. Es sei denn, man hat einen Hund. Mit dem muss man natürlich raus, und da ist kein Weg zu weit. Selbstverständlich fährt man dann auch mit dem Auto zum Hunde-Gassi-Geh-Platz. Was man nicht so alles tut für das Wohlergehen der kleinen Kläffer. Aber das ist noch mal ein ganz anderes Thema, auf das ich hier nicht näher eingehen werde.

Aber

Es wird befürchtet, dass *strip malls* schon bald ein Relikt aus grauer Vorzeit sein könnten. Moderne kanadische Innenstädte sind architektonisch so weit fortgeschritten, dass ihre mehrstöckigen Einkaufszentren bald auch Nachahmer in Außenbezirken finden dürften. Zugegeben: Ein überdachtes, warmes Einkaufszentrum ist im kalten Kanada nicht die dümmste Idee. Wenn dann noch eine Tiefgarage mit dabei ist, weint man den *strip malls* wahrscheinlich nicht mehr ganz so viele Tränen nach. Wobei ich an dieser Stelle noch erwähnen muss, dass sich *strip malls* seit Beginn der Pandemie wieder zunehmender Beliebtheit erfreuen, da die Menschen- und Virenansammlungen hier hauptsächlich draußen stattfinden und somit etwas weniger bedrohlich sind als in geschlossenen Shoppingzentren. Und wer weiß, Totgesagte leben ja manchmal tatsächlich länger.

KANADIER WOLLEN NICHT AUF IHREN KLEBESTERN VERZICHTEN

51

Bonuspunkte

Um noch kurz beim Thema zu bleiben: In Kanada gibt es ein ausgetüfteltes Belohnungssystem für den täglichen Einkauf. Die Kindergartenzeit und die erste Klasse in der Schule werden quasi bis ins Erwachsenenalter weitergeführt beziehungsweise optimiert. Erinnern Sie sich noch an die bunten Klebesterne (oder waren es Marienkäfer-Aufkleber?), die einem zur Belohnung und Anerkennung für gemachte Hausaufgaben vom Lehrer in das Schulheft eingeklebt wurden? Und wenn man etwas besonders schön gemacht hatte, gab es schon mal einen Glitzer-Sonnenaufkleber? Genau so muss man sich das

Punktesystem in Kanada vorstellen. Man kauft einen beliebigen Artikel ein und erhält dafür beispielsweise zehn Punkte. Manchmal bekommt man bei bestimmten Produkten sogar die fünffache Punktezahl oder noch mehr auf seinem Punktekonto gutgeschrieben. An den Hauptfeiertagen im Jahr, wie zum Beispiel Thanksgiving und Weihnachten, überschlagen sich die Geschäfte mit Lockangeboten. »Nur heute!!! Wenn Sie bla bla bla kaufen, erhalten Sie zweitausendfünfhundert Bonuspunkte extra!« So sieht das dann aus. Und es wirkt, die Leute kaufen tatsächlich. Die Punktejagd ist nicht zu (s)toppen! Erschwerend kommt noch hinzu, dass es für jedes Punktesystem, an dem man teilnimmt, eine andere Karte gibt. Da verliert man schon mal den Überblick. An der Kasse führt das des Öfteren auch zu Augenrollen, weil der Kunde, der gerade beim Bezahlen ist, die richtige Bonuskarte in seinem Geldbeutel – oder eher Kartenaufbewahrungsbehältnis – mal wieder nicht finden kann unter den vielen schönen bunten Plastikkarten.

Übrigens

Die Misere mit den vielen Karten im Geldbeutel und der endlosen Sucherei nach der richtigen Punkte- oder Bonuskarte scheinen die Geschäfte mittlerweile erkannt zu haben. Deshalb gibt es praktischerweise auch ganz kleine Punktekärtchen, die man sich als Anhänger an seinen Schlüsselbund machen kann. Was dabei keiner bedacht hat: Jetzt sucht die nette ältere Dame vor einem an der Kasse nicht mehr nach ihrer Punktekarte, sondern eben nach ihrem Haustürschlüssel in der übervollen Handtasche. Puh, und das kann vielleicht erst dauern!

Ich habe mich immer gewundert, warum es mittlerweile überwiegend Geldbeutel mit unzähligen kleinen Kreditkartenfächern anstatt mit einem Fach für Münzen und Geldscheine gibt. So viele Kreditkarten kann doch kein Mensch haben, dachte ich immer. Aber mittlerweile weiß ich es besser: Die Fächer sind gar nicht für Kreditkarten gedacht, sondern für die tausend Mitglieds-, Bonus- und Punktekarten, die man zwischenzeitlich braucht, wenn man auch nur eine popelige Banane einkaufen gehen will. Es ist alles organisiert. Wie in einem Club. Sonderpreise gibt es bei manchen Geschäften nur, wenn man dazugehört. Alles anfängliche Sträuben dagegen nützt einfach nichts. Früher oder später ergibt man sich und ist dann doch überall Mitglied. Man möchte ja schließlich auch von den Sonderpreisen profitieren. Wohlwissend, dass man fast ununterbrochen Daten darüber liefert, was man einkauft, wann man kauft und wo man kauft. Das nimmt man dann als kleineres Übel gern in Kauf, denn die auf Neudeutsch sogenannte *FOMO* (***F****ear* ***O****f* ***M****issing* ***O****ut*, also Angst, etwas zu verpassen) ist da doch wesentlich schlimmer, oder? Für die »freiwillige« Weitergabe von persönlichen Daten wird man dann aber auch tatsächlich belohnt. Wenn man genügend Punkte gesammelt hat, kann man sie entweder gegen eine schöne Prämie eintauschen, oder sie sind in nicht wenigen Fällen tatsächlich bares Geld wert.

KANADISCHE WETTERKAPRIOLEN ODER: »ZIEHT EUCH WARM AN!«

52 Temperaturen

Eine einheitliche Aussage über die Temperaturen in ganz Kanada zu treffen ist nicht möglich. Die Klimatabelle ist so uneinheitlich, wie das Land groß ist. Die Jahreszeit, die man sofort mit Kanada verbindet, ist natürlich der Winter. Einige Individualisten denken eventuell noch an den *Indian Summer*, aber das ist eher die Ausnahme. Die mildesten Winter gibt es an der Westküste bei maritimem Klima. Die härtesten Winter sind im Norden in den Northwest Territories und Nunavut. Minus vierzig Grad und darunter sind dort als Tageshöchsttemperaturen keine Seltenheit. Aber auch Alberta kann sich mit ähnlichen Temperaturspitzen und faszinierenden Wetterphänomenen sehen lassen, daher berichte ich in diesem und den nachfolgenden Kapiteln hauptsächlich über diese Provinz.

In Alberta dauert der Winter ganze acht Monate, also mindestens von Oktober bis Mai. Das ist eine laaaaaange Zeit für kalte Füße. Wenn Sie einen Albertaner nach dem Wetter fragen, wird er Ihnen stolz berichten, dass es hier in jedem Monat im Jahr schon mal geschneit hat. Ja, auch im August! Manchmal wird man hier im Mai noch mal mit Schnee beschenkt, der dann zwar nicht mehr liegen bleibt, aber trotzdem eine Kälte bringt, die man im Frühling nach dem ohnehin viel zu langen Winter definitiv nicht mehr ertragen kann.

Alberta zählt neben Saskatchewan und Manitoba zu den Prärieprovinzen und hat damit ein kontinentales Klima. Die Sommer sind kurz, die Winter – wie bereits erwähnt – lang, und die Übergänge zwischen den Jahreszeiten entfallen meist. »*Winter happens fast*« (Winter passiert schnell) ist ein Ausspruch, der besonders in Alberta mit großer Genauigkeit zutrifft. Meistens schneit es hier über Nacht solche Massen, dass man tagelang mit Schneeschippen beschäftigt ist. Gefährlich wird das dann vor allem beim Autofahren, insbesondere wenn es durch die Präriewinde noch zu massiven Schneeverwehungen kommt. Das nennt man dann *whiteout*, weil man vor lauter weißen umherwirbelnden Flocken tatsächlich die Hand vor Augen nicht mehr sehen kann, geschweige denn die Fahrbahn. Da ist es nicht wirklich ein Trost, dass es sich aufgrund der vorherrschenden Trockenheit zumeist nur um Pulverschnee handelt. Wenn man bei minus zwanzig Grad draußen mehr als eine Viertelstunde Schnee schippt, damit man überhaupt aus dem Haus oder der Garage kommt, ist es egal, wie leicht oder schwer die Schaufel dabei ist. Die Hände, Füße und – am allerschlimmsten – Oberschenkel spürt man nach dieser Zeit so oder so kaum noch und muss diese langsam erst wieder auftauen. Am besten wird beim Schneeschippen etappenweise vorgegangen und spätestens alle zehn Minuten drinnen eine kurze Pause eingelegt.

Bei Temperaturen unter minus zwanzig Grad erhält man von lokalen Fernseh- und Radiosendern dann auch präzise Angaben, wie viele Minuten man sich überhaupt im Freien aufhalten darf, bevor es zu tunlichst zu vermeidenden Erfrierungen an der ungeschützten Haut kommt (meist im nicht ganz so gut geschützten Gesicht oder den Händen). Oftmals kommt in der Prärie noch ein beißender Wind hinzu, der die ohnehin klirrende Kälte dann noch unerträglicher macht. Bei minus fünfundzwanzig und mit *wind chill* minus vierzig Grad (*wind chill* gibt die gefühlte Temperatur an) macht das dann wirklich keinen Spaß mehr. Passende Winterbekleidung mit Mütze, Handschuhen, Schal und ganz unbedingt langen Unterhosen bekommt da noch mal eine völlig neue Bedeutung!

Praxistipp (für Raucher)

Als ehemalige Freiluftraucherin hatte ich schnell mein körpereigenes Thermometer im Winter entdeckt. Bei minus zwanzig Grad frieren beim Rauchen im Freien die Nasenhaare ein, bis man am Ende der Zigarette angelangt ist. Bei minus fünfundzwanzig Grad dauert dieser Vorgang dann zwei Minuten weniger. Je kälter es wird, desto schneller muss man rauchen können. Bei minus dreißig Grad läuft man dann freiwillig zur Nichtraucherfraktion über oder raucht notfalls heimlich mal eine in der Garage.

JACK FROST – VON ALLEN GEHASST, VON DEN KANADIERN GEFEIERT

53
Jahreszeiten

Kanada bedeutet Winter. Das ist Fakt. Egal wie schön der Frühling, der Sommer und der *Indian Summer* tatsächlich sein mögen. In den Rocky Mountains kann es das ganze Jahr über schneien. Die »Übergangsjahreszeiten« sind einfach viel zu kurz. Und meist werden die kanadischen Provinzen auch von anderen fiesen Wetterkapriolen heimgesucht, wie beispielsweise Tornados, schweren Gewittern mit Hagel, massiven Regenfällen oder dem krassen Gegenteil, extremer Dürre. Für Touristen ist das Wetter eher nebensächlich, aber wenn man hier lebt, kann der lange Winter einem auf Dauer ganz schön zusetzen.

Damit die furchtbare Kälte ein Winterdepressiönchen nicht in eine handfeste klinische Depression verwandelt, lenkt sich der findige Kanadier sehr gerne mit außergewöhnlichen Winterfreizeitaktivitäten ab. Fast wie ein trotziger Dreijähriger werden Aktivitäten gesucht und notfalls neu erfunden, damit man den typisch kanadischen Optimismus auch im strengsten Winter beibehalten kann. So gibt es zum Beispiel in Edmonton das Deep Freeze Festival, bei dem man an einem Gefriertruhenwettrennen teilnehmen kann, das auf einer eigens dafür präparierten Eispiste stattfindet. Oder das Ice on Whyte Festival, bei dem Eisschnitzer aus aller Welt um den begehrten Canada Cup of Ice Carving in Konkurrenz treten. Die Skulpturen werden mit entsprechender Beleuchtung in sämtlichen Farben des Regenbogens in Szene gesetzt.

Übrigens

Ein häufiger Anblick im Winter sind Eishockeytore auf zugefrorenen Seen oder sonstigen Gewässern. In ganz Kanada. Selbst Teiche werden in dieser Jahreszeit zum Eishockeyfeld umfunktioniert. Eigentlich ist das verboten, aber wo kein Kläger, da kein Richter, und wirklich stören tut sich niemand daran.

Wem das alles immer noch nicht *cool* genug ist, der kann am *Polar (Bear) Plunge* teilnehmen, der jeden Winter kanadaweit stattfindet. Kanadischer geht es nicht! Traditionell am Neujahrstag springt man kurzerhand (manchmal auch in lustiger Verkleidung) in einen zugefrorenen See, in dessen Eisdecke zuvor ein Loch gebohrt wurde. Gerne bei minus fünfundzwanzig Grad und darunter. Je kälter, desto besser. Und jeder macht mit, selbst Polizisten in voller Montur. In Anwesenheit von Feuerwehrleuten und Rettungssanitätern wird unter Beweis gestellt, dass einem echten Kanadier die Kälte nichts – aber auch wirklich gar nix – anhaben kann. Oft werden bei diesem masochistischen Zeitvertreib Spenden gesammelt, damit die ganze Tortur wenigstens einem guten Zweck dient.

Praxistipp

Edmonton ist aufgrund seiner besonders »guten« klimatischen Bedingungen eine von sechs Städten, in denen es im Winter ein *Ice Castle* gibt. Hier werden wochenlang Eiszapfen »gezüchtet«, geerntet und dann in einem Park in ein riesiges Eisschloss verwandelt. Das Schloss ist gut viertausend Quadratmeter groß, besteht aus Tunneln, Rutschen, Brunnen und Türmen, die abends beleuchtet und musikalisch untermalt werden. Wenn man Glück hat, kann man an bestimmten

Tagen sogar Disney-Prinzessinnen wie Anna und Elsa aus dem Film *Frozen* dort sehen. Oder Feuerschlucker.

In der Wintersaison 2020/2021 wurde wegen COVID-19 kein *Ice Castle* in Edmonton gebaut und somit leider auch kein neuer Rekord aufgestellt werden. Die Pandemie verdarb uns auch noch dieses eisige Vergnügen. Das vorletzte *Ice Castle* im Januar 2019 mit einer Höhe von neun Metern wirklich beeindruckend. Für den Bau wurden täglich zehntausend (!) Eiszapfen per Hand geerntet und dann mit Wasser an ihrem Bestimmungsort festgesprüht. Es dauerte ungefähr viertausend Stunden, bis das Schloss fertiggestellt war.

KANADIER MÜSSEN MIT TÖDLICHEN TORNADOS UND MYSTISCHEN HIMMELSLICHTERN LEBEN

54
Wetterphänomene

So, genug vom Winter und der eisigen Kälte. Es gibt ja auch noch andere Jahreszeiten und sonstige spannende Wetterphänomene. Wobei der Winter mit all seinen kleinen Fiesheiten schon wirklich spannend ist.

Übrigens

In Kanada soll es tatsächlich Menschen geben, die den Winter überhaupt nicht mögen. Unglaublich, aber wahr! Dieser bedauernswerten Spezies bleibt im Winter nichts anderes übrig, als fluchtartig das Land zu verlassen. Und das tun sie auch.

Folglich gibt es zum Beispiel in Alberta beginnend im November eine Massenabwanderung gen Süden, vorzugsweise geht man nach Kalifornien, Florida, Arizona oder auch Mexiko. Früher waren diese »Ausreißer« ausschließlich Rentner und Selbstständige. Das hat sich in den vergangenen Jahren jedoch geändert. Wer es sich leisten kann, den Winter über nicht zu arbeiten, packt seine Sachen und geht. Im April kommt man dann wieder zurück. Braun gebrannt und gut erholt. *»Snowbirds«* nennt man diese Menschengattung. Oder »Weicheier«, wie ich von meinen kanadischen Freunden des Öfteren verbessert werde.

Wenn der Winter überstanden ist, geht der ganze Schlamassel im Sommer weiter. Jetzt bricht die Gewittersaison und damit die *tornado season* an. Das sind vielleicht Spektakel! Besonders am Präriehimmel ist so ein Gewitter extrem furchteinflößend. Die schwarzen Wolken, die sich in dieser Weite der Prärie langsam bedrohlich heranschleichen, sehen aus wie aus einem Hollywood-Horrorfilm. Wenn dann noch Blitze vom Himmel herabschießen und den gesamten Horizont im Zickzack erleuchten, das durchdringende Grollen des Donners einem das Blut in den Adern gefrieren lässt und Golfball-großer Hagel fällt, ist das Glück des kanadischen Wetterforschers oder unseres Meteorologen namens Josh geradezu komplett. Der Albertaner sieht das eher gelassen, ein für ihn »normales« Gewitter eben. Gefährlich wird es erst, wenn der Himmel plötzlich grün wird, denn das kündigt einen Tornado an. Dass man solche Zeichen deuten kann, gehört zum Überlebenstraining eines jeden Neu-Kanadiers.

Gut zu wissen

Am 31. Juli 1987 fegte ein Tornado der Kategorie F4 mit Windspitzen von bis zu 416 km/h durch Edmonton und hinterließ dabei einen Pfad der Verwüstung. Es gab zahlreiche Tote und Verletzte und jede Menge komplett zerstörte Häuser. Es war der zweitschlimmste Tornado seit Beginn der kanadischen Wetteraufzeichnungen.

Außerdem gibt es im Sommer regelmäßig *smoke warnings*. Also Rauchalarm. Das kommt entweder von örtlichen Feldern und Wäldern, die aufgrund langer Trockenheit bei einem Blitzschlag Feuer fangen, oder von den größeren *wildfires*, die vor allem in British Columbia und den Rocky Mountains jedes Jahr zuhauf auftreten. Da brennen dann ganze Waldstriche ab. Wenn der Wind entsprechend schlecht steht, weht es den ganzen Rauch über Provinzen hinweg in die Städte, und da hängt er sich unter Umständen tage- oder wochenlang fest. Wenn man morgens aufsteht, ist der Himmel dann ockergelb oder orange, und die Luft riecht, als hätte jemand ein überdimensionales Lagerfeuer angezündet. Man kann kaum atmen. Auch die Klamotten nehmen diesen Gestank an. Das mag sich harmlos anhören, aber nach ein paar Tagen sehnt man sich tatsächlich nach Sauerstoff, denn Fenster im Haus öffnen geht nicht. Sport oder sonstige Aktivitäten im Freien kann man natürlich vergessen. Gesundheitsprobleme wie Kopfschmerz, Luftnot und Husten sind die Folge. Der penetrante Feuergeruch bleibt einem zu allem Überfluss noch eine ganze Weile in der Nase, selbst wenn der Rauch längst abgezogen ist.

Da fragt man sich, ob es denn überhaupt etwas Gutes am kanadischen Wetter gibt, oder? Auf diese Frage habe ich gewartet. Und ob! Der Kanadier wird reichlich für seine Widerstandskraft und das Wetterchaos belohnt. Das weltschönste Naturphänomen gibt es hier nämlich auch: die *aurora borealis,* besser bekannt als Nord- oder Polarlichter. Wer das Glück hat, diese einmal live zu sehen, wird fasziniert sein. Voller Ehrfurcht steht man da, wenn sich der Himmel plötzlich auftut und Nebelbänder in sämtlichen Farben von Gelb über Grün bis Violett mit solcher Anmut vor einem tanzen, wie kein Mensch sie sich ausdenken könnte. Diese magischen Lichter ziehen den Betrachter einfach in ihren Bann. Kein Wunder, dass es Touristen gibt, die tatsächlich nur nach Kanada reisen, um diese Lichter zu sehen. Aber Vorsicht, wer sie einmal gesehen hat: Suchtgefahr!

KANADISCHES ENGLISCH FÜR ANFÄNGER UND FORTGESCHRITTENE

55
Vokabeln

Kommen wir am Schluss zum allerwichtigsten Kapitel, damit Sie gründlich auf Kanada vorbereitet sind. Eine kostenlose Englischstunde. Dazu muss ich vorausschicken, dass ich nach über zehn Jahren als Wahlkanadierin einiges an deutschen Tugenden abgelegt habe, insbesondere den Anspruch, alles perfekt machen zu müssen oder es ansonsten lieber ganz zu lassen. Das betrifft insbesondere die englische Sprache. Hätte ich mich an das Motto im vorletzten Satz gehalten (also entweder perfekt oder gar nicht), hätte ich seit meiner Landung in Kanada kein Wort Englisch mehr gesprochen. Als beeidigte Übersetzerin und Dolmetscherin und ungekrönte *Queen* der englischen Grammatik, Syntax, Orthographie und Interpunktion musste ich schweren Herzens sehr bald feststellen, dass kanadisches Englisch überhaupt keinen Wert auf Korrektheit legt. Na, überhaupt keinen Wert ist zugegeben vielleicht etwas übertrieben, aber jedenfalls keinen großen Wert. Ein Graus ist das für einen Sprachenkünstler wie mich. Da wird einfach wild drauflosgeredet ohne Rücksicht auf die korrekt zu verwendende Zeitform oder Wortstellung im Satz. In Alberta, wo ich lebe, werden Zeitformen größtenteils ganz ignoriert und stattdessen wird so gut wie jeder Satz in der »ing-Form« gebildet. Also *walking, going, speaking, buying*. Alle anderen Zeitformen wie *simple past* oder *present tense* werden nur zögerlich und eher selten verwendet. Getreu dem Motto »weniger ist mehr« kommt man hier mit wesentlich weniger Wortgewandtheit und Korrektheit aus, als man sich das vorstellen kann.

Die wohl revolutionärste Erkenntnis war, dass ich festgestellt habe, dass man in Kanada mit insgesamt nur sechs englischen Vokabeln hervorragend über die Runden kommt! Dabei kommt es lediglich auf die Intonation an, und schon erweitert sich die Bedeutung eines Wortes um ein Vielfaches. Das glauben Sie nicht? Ich werde es Ihnen beweisen. Sind Sie bereit? Dann auf zur kanadischen Englischstunde:

Lesson 1:

Eh?! [eɪ] Das wohl am vielseitigsten verwendbare kanadische Superwort hat ganz viele Bedeutungen. Hier nur einige der Übersetzungsmöglichkeiten: »Was?, Wirklich?, Na klar!, Das glaubst du jetzt aber echt nicht!, Da bin ich ganz deiner Meinung!, Stell dir das mal vor!, Stimmt's?, Das stimmt!, Spinnst du?!, Jetzt reicht's mir aber!«

Lesson 2:

Sorry [ˈsɒrɪ] Oh, auch ein ganz wichtiges, wenn nicht sogar das allerwichtigste kanadische Wort, das ebenfalls vielseitig verwendbar ist. Als Fragesatz (oder besser: Fragewort) mit Fragezeichen dahinter bedeutet es »Wie bitte?, Was hast du gesagt?, Hab ich das richtig verstanden?, Das ist jetzt aber nicht dein Ernst, oder?« und im Aussagesatz heißt es »Tut mir leid, das wollte ich nicht, meine Schuld, bitte verzeih' mir«.

Lesson 3:

Excuse me [ɪkˈskjuːzmiː] Dieses Wort darf auf gar keinen Fall im Wortschatz fehlen, wenn man nach Kanada geht. Als Frage heißt es »Entschuldigen Sie bitte?, Was haben Sie gesagt?, Habe ich Sie richtig verstanden?«. Mit Ausrufezeichen dahinter bedeutet es »Ich bin entsetzt!, Sind Sie verrückt?!, Was erlauben Sie sich?!«.

Lesson 4:

Thank you [ˈθæŋkjuː] »Dankeschön.« Ein Wort, das man hier ungewöhnlich häufig hört und ganz unbedingt beherrschen sollte.

Lesson 5:

You're welcome [jʊə(r) ˈwelkəm] »Bitteschön.« Die Antwort auf die vorherige Vokabel. Ebenfalls unerlässlich zu wissen. Zumindest in Kanada.

Lesson 6:

Awesome [ˈɔːsəm] Das war die erste neue englische Vokabel, die mein Mann in Kanada gelernt hat. Wortwörtlich übersetzt heißt es »ehrfurchtgebietend«, wird aber im Sinn von »super« und »toll« verwendet.

In Kanada ist alles *awesome*, also genial, hervorragend, super, spitzenmäßig, prima, toll, klasse, fantastisch. Man kann damit alle Fragen abdecken, auf die man normalerweise mit einem »gut« antworten würde. Ferner kann man damit auch komplizierte oder nicht diskussionswürdige Sachverhalte wunderbar abhandeln. Ein Beispiel? Auf die Frage, »Wie gefällt dir denn dein neuer Job?«, kann man entweder sagen »Na ja, nach ein paar Tagen kann ich noch nicht so viel sagen, aber die Kollegen scheinen nett zu sein und die Arbeit macht auch Spaß« oder eben die wesentlich unkompliziertere kanadische Kurzvariante »*Awesome!*«. Bitte beachten Sie auch, dass es nicht notwendig ist, einen ganzen Satz zu bilden. Man kann das Wort »*awesome*« einfach jederzeit in den Raum schmeißen. Sehr praktisch.

Wenn Sie diese sechs Lektionen gemeistert haben, können Sie sich getrost auf den Weg nach Kanada machen. Sie werden mit Ihrem neu gelernten Englisch überall durchkommen und sich schnell selbst davon überzeugen können, dass Kanada wirklich das allerschönste Land der Welt ist.

Praxistipp

Wenn Sie ein ehemaliger Schüler oder eine Schülerin aus meinen Englischkursen in der Erwachsenenbildung sein sollten und dies gerade zufällig lesen, entschuldige ich mich an dieser Stelle ausdrücklich, dass ich Sie in meinem Unterricht so sehr mit korrekter Grammatik, Syntax und Vokabelpaukerei geplagt habe. Nicht dass es das jetzt rechtfertigen würde, aber ich meine mich zu erinnern, dass ich in meinem Unterricht auch immer felsenfest behauptet habe: »*English is easy!*« Stimmt's?! In diesem Sinne:

»Sorry!«

DANKE

Ich bedanke mich insbesondere bei meinem Agenten, Herrn Dr. Martin Brinkmann, der mich im großen Autorendschungel ausfindig gemacht und nicht locker gelassen hat, bevor er mich erneut zum Schreiben motivieren konnte.

Ein großer Dank auch meinem Verleger, Herrn Matthias Walter, für das in mich gesetzte Vertrauen und seinen Enthusiasmus für Kanada, der mich sehr inspiriert hat.

Ein ganz besonderer Dank gilt meinem Mann. Danke, dass du mich nicht nur unermüdlich beim Schreiben angespornt hast, sondern immer an mich glaubst und mich unterstützt. Egal was für eine verrückte Idee ich gerade aushecken mag. Danke für deine unzähligen wertvollen Anmerkungen und Anregungen zu diesem Buch, Deine Geduld mit mir und die vielen Stunden Korrekturlesen. *I am so blessed to have you in my life. I love you the mostest!*

Und nicht zu vergessen: Danke Gott, dass dein Plan für mich noch viel besser ist als der, den ich ursprünglich hatte.

STICHWORT-VERZEICHNIS

Die junge Frau und das Meer – Coming-of-Age meets Heimatliteratur

Sylvie Gühmann
Die junge Frau und das Meer
Warum ich in Ostfriesland den Überblick behalte

ISBN 978-3-95889-388-7
ISBN 978-3-95889-392-4

Ostfriesland – unendliche Weiten. Und eine Frau, die, umgeben von Wasser, Wind und plattem Land, heranwächst und sich wundert. Sylvie Gühmann berichtet über ihre Angst vor Bergen, grotesken Felsen und Abgründen, von ihrer Angst vor dem Unüberblickbaren.

Sie erzählt von der Wuchtigkeit des Nichts, der Kraft der Leere der ostfriesischen Landschaft und der Teezeremonie, ihrem Alltagsanker. Mit Mitte zwanzig, inmitten der Großstadt Hamburg, fragt sie sich, was sich alle Wandernden mit Mitte zwanzig fragen: Will ich eigentlich zurück?

CON BOOK.

Bestens vorbereitet mit den Reise-Hacks

Die neue gut gelaunte Ratgeberreihe fürs Handgepäck

Reise-Hacks für
Hundemenschen
ISBN 978-3-95889-419-8

Reise-Hacks für
frisch gebackene Eltern
ISBN 978-3-95889-420-4

Reise-Hacks für
Klimabewusste
ISBN 978-3-95889-418-1

Reise-Hacks für
Nackte
ISBN 978-3-95889-422-8

Reise-Hacks für
Laufbegeisterte
ISBN 978-3-95889-421-1

CON BOOK.